树立终身学习观

N 个 法 则 的

上

SHU LI N GEFAZE

zhongshenxuexiguan

韩雪◎编著

法则

中国出版集团

现代出版社

图书在版编目（CIP）数据

树立终身学习观的 N 个法则（上）/ 韩雪编著. —北京：现代出版社，2014.1

ISBN 978-7-5143-2162-3

Ⅰ. ①树… Ⅱ. ①韩… Ⅲ. ①终生教育 – 青年读物 ②终生教育 – 少年读物 Ⅳ. ①G72 – 49

中国版本图书馆 CIP 数据核字（2014）第 008733 号

作　　者	韩雪
责任编辑	王敬一
出版发行	现代出版社
通讯地址	北京市安定门外安华里 504 号
邮政编码	100011
电　　话	010 – 64267325　64245264（传真）
网　　址	www.1980xd.com
电子邮箱	xiandai@cnpitc.com.cn
印　　刷	唐山富达印务有限公司
开　　本	710mm×1000mm　1/16
印　　张	16
版　　次	2014 年 1 月第 1 版　2023 年 5 月第 3 次印刷
书　　号	ISBN 978-7-5143-2162-3
定　　价	76.00 元（上下册）

目　录

第一章　正确认识终身学习观

第二章　如何树立终身学习观

第一章　正确认识终身学习观

第一节　终身学习观的内涵

一、终身学习观的含义

终身学习是指社会每个成员为适应社会发展和实现个体发展的需要，贯穿于人的一生的，持续的学习过程。终身学习观要求学习者应着眼于终身充分发展的需要，培养自身不断学习、不断接受新信息的方法，学会学习，并且树立活到老、学到老的意识和信念。

二、对终身学习的理解

终身学习，讲的是人一生都要学习。从幼年、少年、青年、中年直至老年，学习将伴随人的整个生活历程并影响人一生的发展。这是不断发展变化的客观世界对人们提出的要求。人类从诞生之日起，学习就成为整个人类及其每一个个体的一项基本活动。不学习，一个人就无法认识和改造自然，无法认识和适应社会；不学习，人类就不可能有今天达到的一切进步。学习的作用又不仅仅局限于对某些知识和技能的掌握，学习还使人聪慧文明，使人高尚完美，使人全面发展。正是基于这样的认识，人们始终把学习当作一个永恒的主题，反复强调学习的重要意义，不断探索学习的科学方法。同时，人们也越来越认识到，实践无止境，学习也无止境。古人云："吾生而有涯，而知也无涯。"当今时代，世界在飞速变化，新情况、新问题层出不穷，知识更新的速度大大加快。人们要适应不断发展变化的客观世界，就必须把学习从单纯的求知变为生活的方式，努力做到活到老、学到老，终身学习。

学习是人类认识自然和社会、不断完善和发展自我的必由之路。无论一个人、一个团体，还是一个民族、一个社会，只有不断学习，才能获得新知，增长才干，跟上时代。十六大报告强调：要"形成全民学习、终身学习的学习型社会，促进人的全面发展。"这就从深度和广度上对学习提出了新的更高的要求。

学习不是某一阶段的任务，只能说其是某一阶段的主导性活动。当今社会的各个领域都在快速发展，致使知识陈旧速度也非常快。据研究，一般情况下，在大学里所学的知识在毕业五年后就已陈旧，特别是在个别领域（如计算机科学），知识的陈旧速度更快。参与到社会生活中的人们都应且必须通过各种形式进行继续学习。对于在校的学生来讲，除了学好书本知识外，更重要的是以终身学习观为指导，认识到学习并非是在校学习阶段一劳永逸的事，应掌握并能灵活运用适当的学习方法，为终身学习打下坚实基础。

我们不得不不断的学习，否则就要冒着被社会抛弃的危险。社会是在不断变化的，如果你不能不断调整自己跟上它的脚步，那你就可能被这个社会淘汰，这就要求我们不断学习。人的可持续发展理论要求现代的高等教育必须树立终身教育的理念，培养学生终身学习的能力。所谓人的可持续发展主要是指人能够具有持久的发展力，不仅着眼于当前的发展更着眼于人的终身发展，因此，我们必须培养学生的终身学习能力。

终身学习是一种积极的生活态度。学习使人不断成长，如果终身学习，我们就会时刻的完善着自己，找到更多的生活乐趣。学习是无止境的，不仅充实了自己的精神世界，还让我们在学习的过程中把有限的生命延长。终身学习要有持之以恒的精神，要把学习视为与空气一样，是生命不可缺少的。不爱学习或以学习为负担的人，必定会在很多方面输给以学习为乐的人。学习是人一生都不能停止的活动，是适应现代化社会不可或缺的能力。学习和工作并不是矛盾的，它们只会相得益彰。了解一下最新的教育动态，学习一下别人的教育理论，提升一下自己的电脑水平，甚至只是多往书店里走一走，看一本自己感兴趣的书……这些都会让你在教育教学工作中受益匪浅。一定要树立一种终身学习的理念，一种强烈的自我完善意识。

终身学习的提出拓展了教育的概念，它是终身教育的拓展和延伸。它从学习者的主体角度出发，强调学习者的主动地位，并向着自由的、能动的、不拘形式的学习行为发展。它是一种主动的学习活动，具有促进知识、技能与能力等目的。终身学习对于学校教育发展的意义终身学习理论的教育意义是深远的，它的提倡主要在于通过终身学习的理念和原则，重新审视现有的教育思想和教育体制，重新确定教育的本质目标内容和评价标准。在终身学习观念下，学校教育的主要目的是要培养终身学习者。其中，教师是终身学习的身体力行者，应该将学习者和学习者需求放在第一位，根据终身学习的思想，在一个快速变迁的社会中，许多知识很快就会落伍，面临淘汰的命运。因此，学校教育的目的，不应重在灌输学生很快即将落伍的知识，相反地，学校教育的主要目的，应该重在教导学生"如何学习"，培养学生探索知识的态度和技巧，激发学生终身学习的意愿和动机，养成终身自我导向的学习能力，使其懂得如何利用各种教育资源，像计算机网络教学、远程教育等，进行终身学习活动。

在行成全民学习、终身学习的社会进程中，非正式学习或正式学习无处不在，也因为社会的不断重视，终身学习也必将成为一个学习的大趋势，最终一定会建成一个"人人皆学，时时能学，处处可学"的学习型社会。

三、"终身学习"在工具书中的解释

终身学习指人的一生中，都应该进行学习，接受教育，而不只限于在中、小学和普通大学里学习。

虽然终身学习的观点看来好象只是启蒙性的，但实际上，这种观点代表着一种重新组织教育体系的计划，这个计划对学校教育和成人教育都有革命的意义。

四、"终身学习"在学术文献中的解释

1. 根据 OECD 国家教育部长会议的定义，所谓终身学习，是指一个人从摇篮到坟墓终身不断地学习。终身学习的目的是建立连续性，并适应转变。

——《发达国家终身学习运动与高等教育的发展》

2. 终身学习是指在人的一生中都能以饱满的热情，持久恒定的态势，以未来人才开放型的胸怀，不断吸收新知识，从而不断进行知识与技能的新旧更替、发展与创新，适应高科技信息时代对人才选择的一种优良的学习习惯。

——《终身学习习惯的培养势在必行》

3. 终身学习是指人的一生持续不断学习的活动过程。在人类社会步入 21 世纪之际，知识量、信息量不断增加，人类对于知识和学习的重视达到了前所未有的程度，因为知识与学习是人类生存的一种本能和积累经验的方式。

——《浅论终身学习与图书馆》

4. 所谓终身学习，是指人在一生之中的任何一个年龄阶段，在任何的工作岗位上，在任何的时间都有可能不断地学习。但是，这种学习不会像学生时期那样，有老师的指点，有学校教学计划和教学任务的编排，更多的是要靠自己自学。

——《论中学数学教学中学生自学能力的培养》

5. "终身学习"是指学习时间不再局限在学生上学期间，而是贯穿于整个生命周期。学习的范围不再局限在学生的校园内，而是扩展到社会的各个角落。

——《构建学习型城市的理论缘由与实施要点》

6. 所谓终身学习是指人通过学习以求思想和行为的变化，这种变化一般是持续不断的伴随而来的是质和量的升华和增长旨在提高人们的文化教养、社会经验和职业能力。

——《论公安院校图书馆在素质教育中的教育职能》

7. 终身学习是指个人在接受学校教育后所形成的终身继续学习的能力和习惯行为，是学习化社会的基本特征。学校教育是终身教育的一部分，而且是重要的一部分，在校学习是为终身学习奠定基础。

——《关于终身学习问题的思考》

8. 终身学习是指通过一个不断的支持过程来发挥人的潜能，它鼓励并促使人们有权力去获得他们终身所需要的全部知识、价值、技能与理解。

——《创建学习型社会的理性思考》

9. 终身学习则主要是指参加工作以后不分年龄的多层次、多学科的学习。

——《学习型社会、国民教育体系和成人教育》

10. 终身学习是指人的一生通过持续不断的学习活动来求得思想、意识和行为的变化，不断提高自己的文化修养、社会经验和从业能力的过程。

——《知识经济对高校德育的创新要求》

五、事例

黄侃误把墨汁当小菜

著名学者黄侃在北大主讲国学。他住在北京白庙胡同大同公寓，终日潜心研究"国学"，有时吃饭也不出门，准备了馒头和辣椒、酱油等佐料，摆在书桌上，饿了便啃馒头，边吃边看书，吃吃停停，看到妙处就大叫："妙极了！"

有一次，看书入迷，竟把馒头伸进了砚台、朱砂盒，啃了多时，涂成花脸，也未觉察，一位朋友来访，捧腹大笑，他还不知笑他什么？

第二节 终身学习观的特点

一、终身性

这是终身学习最大的特征。它突破了正规学校的框架，把教育看成是个人一生中连续不断的学习过程，是人们在一生中所受到的各种培养的总和，实现了从学前期到老年期的整个教育过程的统一。既包括正规教育，又包括非正规教育。它包括了教育体系的各个阶段和各种形式。

二、全民性

终身学习的全民性，是指接受终身教育的人包括所有的人，无论男女老幼、贫富差别、种族性别。联合国教科文组织汉堡教育研究员达贝提出终身教育具有民主化的特色，反对教育知识为所谓的精英服务，是具有多种能力的一般民众能平等获得教育机会。而事实上，当今社会中的每一个人，都要学会生存，而要学会生存就离不开终身教育，因为生存发展是时代的主流，会生存必须会学习，这是现代社会给每个人提出的新课题。

三、广泛性

终身学习既包括家庭教育、学校教育，也包括社会教育。可以这么说，它包括人的各个阶段，是一切时间、一切地点、一切场合和一切方面的教育。终身学习扩大了学习天地，为整个教育事业注入了新的活力。

四、灵活性和实用性

现代终身学习具有灵活性，表现在任何需要学习的人，可以随时随地接受任何形式的教育。学习的时间、地点、内容、方式均由个人决定。人们可以根据自己的特点和需要选择最适合自己的学习。

五、事例

鲁迅争分夺秒

鲁迅，原名周树人，是近代一位伟大的文学家。

鲁迅的成功，有一个重要的秘诀，就是珍惜时间。鲁迅十二岁在绍兴城读私塾的时候，父亲正患着重病，两个弟弟年纪尚幼，鲁迅不仅经常上当铺，跑药店，还得帮助母亲做家务；为免影响学业，他必须作好精确的时间安排。

此后，鲁迅几乎每天都在挤时间。他说过："时间，就像海绵里的水，只要你挤，总是有的。"鲁迅读书的兴趣十分广泛，又喜欢写作，他对于民间艺术，特别是传说、绘画，也深切爱好；正因为他广泛涉猎，多方面学习，所以时间对他来说，实在非常重要。他一生多病，工作条件和生活环境都不好，但他每天都要工作到深夜才肯罢休。

在鲁迅的眼中，时间就如同生命。美国人说，时间就是金钱。但我想：时间就是性命。倘若无端的空耗别人的时间，其实是无异于谋财害命的。因此，鲁迅最讨厌那些成天东家跑跑，西家坐坐，说长道短的人，在他忙于工作的时候，如果有人来找他聊天或闲扯，即使是很要好的朋友，他也会毫不客气地对人家说："唉，你又来了，就没有别的事好做吗？

节约时间，也就是使一个人的有限的生命，更加有效，而也就等于延长了人的寿命。

第三节　终身学习观的表现

一、教师终身学习的表现

教师崇尚科学精神，一个重要表现就是要树立终身学习理念。终身学习理念，是 1965 年时任联合国成人教育局局长的法国著名教育家保罗·郎格朗首先提出的，终身教育的理念是 20 世纪富有冲击力的教育思想，1989 年联合国教科文组织在北京召开的面向 21 世纪教育国际研讨会的报告《学会关心：21 世纪的教育》指出，为适应 21 世纪的要求，教育体制不同于目前的形式，最重要的是社会更多地参与学校和学校更多地参与社会，学习将成为一个终身的过程。1996 年，德洛尔主持的国际 21 世纪教育委员会向联合国教科文组织提交的《教育——财富蕴藏其中》的报告认为：终身教育贯穿人们一生的学习，是进入 21 世纪的一把"钥匙"，要把"终身教育放在社会的中心位置上"。教师必须确立终身学习和终育的理念：教师是人类永恒的职业，但社会对教师条件的选择并不永恒，时代对教师的要求越来越高。教师良好的素质并非与生俱来，而是通过学习才能获得的。终身学习的能力既是社会发展对人的要求，也是教育变革对教师职业角色提出的要求。设想，如果一位教师他自己的思想观念、知识结构从始至终都是一成不变的，他如何能培养出符合社会需要的人才？

第一，我国已经进入建设人力资源强国的新时期，国家需要大批创新性人才，随着知识经济时代和信息社会的到来，知识更新日新月异，新技术、新发明不断涌现，新理念、新型专业、新知识、新方法相继出现，创新性人才的培养是教育的要旨。教育的最终目的不是传授已有的东西，而是要把人的创造力诱导出来。深化教育改革，全面推进素质教育，首先要转变教师的教育教学观念。不同年龄和知识梯度的新老教师，必须通过学习，才能转变教育教学观念，树立新的教育观和师生观。通过学习，才能掌握现代化的教学手段，传播先进文化，弘扬学术精神，造就创新人才。

第二，针对少部分教师缺乏科学精神与判断能力，因循守旧、习惯模仿、缺乏创新精神。

当今世界，科技突飞猛进，知识经济已见端倪，国际竞争日趋激烈，人才资源在增强国力方面显示出越来越重要的作用，教育越来越受人类重视。科技进步，知识、经济和信息发展加上政治变迁，意识形态、生活方式和个人潜能的变化是终身教育思潮形成和传播的主要历史背景。终身教育是现代社会的产物。教育不再是随着学校学习的结束而结束，教师不再是知识的权威与垄断者，抱着学历证书、躺在功劳簿上而抱怨"谁动了我的奶酪"的人必将被淘汰，"逆水行舟，慢进则退，不进则亡。"

第三，针对一些老师，很少读书，只求文凭、不求水平；只求学历、不求学力；只求职称、不求称职的现象。

教师教育标准正酝酿出台，多数老师不合格今年六月，据法制晚报报道：目前教育部正在酝酿出台的《教师教育标准》，对教师的入职标准有所提高，确立了"儿童为本"、"实践取向"、"终身学习"三大原则，将改变目前偏重书本知识、让学生死记硬背式的教学方式。

领衔起草标准的华东师范大学教授钟启泉告诉法晚记者，该标准意味着我国师范教育体系要进行大改革，改革后的师范课程将着重于教师实践能力的提高。教师工作的重心必须从"教会知识"转向"教学生会学知识",即所谓的"授之以渔"。

钟启泉教授说,新的教师专业标准和课程标准要求教师不单单是"教书匠",教师尊重孩子的学习权,与学生平等地对话。所以新标准要求教师必须要研究教育对象(学生),杜绝"目中无人"的教育方式。钟启泉表示,按照他领衔起草的标准,现在的绝大多数老师不合格。现在我国的中小学老师存在三个主要问题:不读书、不研究、不合作。

分析其原因,他认为,这主要归结于目前我国师范生在大学接受的教师教育与社会发展实际至少落后50年,现在使用的仍是新中国成立初期的教育理论,尽管有过一些改革,但是目前仍然是偏重书本知识,接受式学习死记硬背,强调老师在课堂上的控制,是封闭式的教学方式。用这种教育模式培养出来的学生,根本无法适应现在的中小学教学,制约着教师教育的质量。

钟启泉教授特别强调:"我提到的绝大多数老师都不合格并不是说这些不合格的老师要遭到淘汰,而是说大多数的老师需要进一步的学习,事实上所有的老师都应该是终身学习者。"。

(一)终身学习是当代教师成长和发展的必由之路

新的教育观念认为,终身学习是当代教师成长和发展的必由之路。新世纪的教师必须道德高尚,知识渊博,具备扎实的教学基本功,有终身学习和创新教育能力。终身学习是一种知识更新、知识创新的要求。终身学习的主导思想就是要求每个人必须有能力在自己的一生中利用各种机会,去更新、深化和进一步充实最初获得的知识,使自己适应快速发展的社会。在深刻认识教育在社会经济活动中作用的基础上,必须把终身学习看作是教师的一种社会责任,一种人自身发展的需求。

　　教师应该成为终身学习的楷模。教师强则学生强，教师强则教育强，教师强则民族强。教书者必先强己，育人者必先律己，教师良好的素质并不是表现在一纸文凭上，教师的学历不等于能力，只有持久的学习力，才能使教师的能力不断增长，素质不断提高。只有教师学会读书，才能教会学生学会读书；只有教师的知识不断更新，才能使学生的知识不断更新；只有教师学会终身学习，才能教会学生学会终身学习。

　　终身学习是教师专业持续发展的根本途径。教师绝不能满足于原有知识的掌握，满足于原有教育经验的积累，要不断加强业务学习，在提高自身知识传授能力的同时，着重增强科学研究能力和创新意识的培养，自觉地把自己的教育教学过程变成培养学生创造精神，激发学生创造力的过程，不仅向学生传授现成的知识，更要引导学生探索未知领域，让学生不仅接受解决问题的现成答案，还自己寻找解决问题的独创性方法。

　　特别是网络的普及，学生每天都在接受着大量的信息，面对东西方不同文化思维的碰撞，面对学习和生活中的诸多压力，他们每天都会产生很多疑惑，具有"一桶水"的教师再也难以为学生传道、授业、解惑了，教师必须具有源源不断的源头活水，方可担当人师。问渠哪得清如许，为有源头活水来。学习是教师专业水平持续增长的源头活水，教师只有通过学习，才能提高思想境界和道德水平；只有通过学习，才能不断丰富自己的专业知识；只有通过学习，才能掌握现代教育技术和教学技能。教师的学习就像植物对水分的吸收一样，一天也不能缺少，否则，教师的职业生命将会逐渐枯萎，教师只有做到学而不厌，才能诲人不倦。

　　教育是需要以品德化育品德、以人格塑造人格、以素质提高素质的崇高事业，教师要终身加强道德修养，及时掌握先进的教育理念，树立正确的教育观、人才观和质量观，才能教育学生学会做人、学会合作、学会求知、学会实践、学会创造。要给学生一碗水、自己必须有一桶水，是对教师学识水平的基本要求，在知识经济时代，教师必须认清终身教育和终身学习对自身成长和发展的重要性，自觉地树立终身教育、终身学习的观点，不断地提高自身素质，以适应现代教育的需要。

（二）勇于探索创新，让教师的职业生命充满活力

师德规范要求教师，潜心钻研业务，勇于探索创新，不断提高专业素养和教育教学水平。

叶澜教授就明确说过：没有教师的教育创造，就很难有学生的创造精神。夸美纽斯引用那齐恩曾的话：教育人是艺术中的艺术，因为人是一切生物中最复杂和最神秘的。如果教师仅仅把教学看成是一项技术性的工作，并以这种思想来统领和指导教学，那么在教学中他（她）所扮演的角色更像是一名教书匠，而不是真正意义上的教师，他只是在砌砖，而不是在建造。再进一步设想，如果教师停滞不前、墨守成规、固步自封，我们如何能期待这样的教师去开展创新教育，去培养学生的创新意识和创新能力呢？

因此，教师不能只是道德的传声筒和会说话的教科书，教师应该成为鲜活的、人格丰满的的创造者，在创造中快乐地、充实地生活着。新时代的教师要成为学生成长的引领者、学生潜能的唤醒者、教育内容的创新者、教学艺术的探索者。正如陶行知先生所说：教育者不是造神，不是造石像，不是造爱人。他们所要创造的是真善美的活人。教师的成功是创造出值得自己崇拜的人，先生之最大的快乐，是创造出值得自己崇拜的学生。现代教师要努力成为一个创造型的教师。

有学者认为：所谓创造型的教师是指教师能用自己独特的教育理念来发现和创造行之有效的方法，进而成功地影响学生。意味着教师能够不断地探索以便改进自己的工作，不断尝试新的教学方式和教学风格，能够从不同的角度对那些习以为常、司空见惯、又熟视无睹的事情作出新的解释，能够对那些理所当然、天经地义的事情报以重新的审视，能够对那些似是而非、以讹传讹的种种说辞予以警示。

二、学生终身学习的表现

（一）培养良好的学习兴趣

兴趣，是指一个人力求认识某种事物或从事某种活动的心理倾向。有人说过，"兴趣是人最好的老师"。人都会因为兴趣而执着于某一样活动，并在最后取得或小或大的成功。

第一，不要先入为主的认为自己对学习不感兴趣，要注意感觉每一个可能让自己感兴趣的细节。了解自己对哪门课兴趣最大，对哪门课兴趣最小。仔细想想为什么会这样。要扩大自己的活动范围不只去做自己感兴趣的事，而充满兴趣的要去做一切可能做的事情。作为学生，因为个体的认知结构不同，每个人都可能出现对个别课程不感兴趣的情况。但为了系统的掌握知识，建立合理的认知结构，我们必须把心里对一些课程的排斥放下。积极的参与，从心理上亲近，以一种好奇眼光看待这些课程。而且，所有的知识都是融会贯通的，你可以以自己感兴趣的科目为出发点，将所有的知识体系化，从而培养对其他功课的兴趣。

第二，认真是对产生兴趣的重要来源。

许多抱怨对学习没有兴趣的同学是没有真正认真地对待学习，

其实，认真是和兴趣成正比的，你的学习认真了，不仅会取得好成绩，还能享受知识本身给你带来得成就感，成就感和好的成绩就会刺激你对学习的兴趣，而兴趣又会促使你更加认真地去学习，从而取得更好的成绩，形成良性循环，互相促进，学习的兴趣会越来越浓，甚至到入迷的地步。

第三，寻找积极的情绪体验。

情感是滋生兴趣的催化剂，积极的情感体验会使人将一种行为进行下去，中学生在学习过程中要调节自己的情感，不要抱着消极的或应付的态度去学习，努力在学习中获得真正的乐趣和满足，还可以寻找课本中对自己成长的种种帮助和好处，这些都有利于学习兴趣的提高。

第四，科学安排学习时间。

一般的说当一个人连续长时间的学习同一内容时，就会感到乏味和疲劳。因此，同学们要劳逸结合。该休息时休息，该学习时学习，而且学习时间安排要科学。文理科交叉、难易交叉，才能效能最大化。另外，每天在固定的时间学习也是保持学习兴趣的方法，习惯在特定时间出现的兴奋性和学习密切相关哦。

第五，勤于计划，总结，知己知彼。

对每一个科目内容、自己的程度有一个明确的认识，知道自己在进步可以促进成就感，知道自己离目标已经很近可以激发出兴奋和激情。这些都是学习的动力，如果你给自己作了明确的分析，你会发现你的学习兴趣简直是在呈几何技术增长呢。

（二）切实有效的学习方法

1. 抓好预习环节

预习，即课前的自学。指在教师讲课之前，自己先独立地阅读新课内容。初步理解内容，是上课做好接受新知识的准备过程。有些学生由于没有预习习惯，对老师一堂课要讲的内容一无所知，坐等教师讲课。老师讲什么就听什么，老师叫干什么就干什么，显得呆板被动，缺乏学习的积极性和主动性。有些学生虽能预习，但看起书来似走马观花，不动脑、不分析。这种预习一点也达不到效果。

（1）通览教材，初步理解教材的基本内容和思路。

（2）预习时如发现与新课相联系的旧知识掌握得不好，则需查阅和补习旧知识，给学习新知识打好牢固的基础。

（3）在阅读新教材过程中，要注意发现自己难以掌握和理解的地方，以便在听课时特别注意。

（4）做好预习笔记。预习的结果要认真记在预习笔记上，预习笔记一般应记载教材的主要内容、自己没有弄懂需要在听课着重解决的问题、所查阅的旧知识等。

2．注重听课环节

学生的大部分时间是在课堂中度过的。因此，听课是学生接受教师指导，掌握知识，发展智力的中心环节。是获取知识的重要途径。是保证高效率学习的关键。听课时，有的学生全神贯注，专心听讲；有的分心走神，萎靡不振，打瞌睡。有的像录音机，全听全录；有的边听边记，基本上能把教师讲的内容都记下来；有的以听为主，边听边思考，有了问题记下来；有的干脆不记，只顾听讲；有的边听边划边思考。思考时，有的思考当堂内容，有的思考与本课相关的知识体系，有的思考教师的思路，有的拿自己的思路与教师的思路比较。

（1）课前准备好上课所需的课本、笔记本和其他文具，并抓紧时间简要回忆和复习上节课所学的内容。

（2）要带着强烈的求知欲上课，希望在课上能向老师学到新知识，解决新问题。

（3）上课时要集中精力听讲，上课铃一响，就应立即进入积极的学习状态，有意识地排除分散注意力的各种因素。

（4）听课要抬头，眼睛盯着老师的一举一动，专心致志聆听老师的每一句话。要紧紧抓住老师的思路，注意老师叙述问题的逻辑性，问题是怎样提出来的，以及分析问题和解决问题的方法步骤。

（5）如果遇到某一个问题或某个问题的一个环节没有听懂，不要在课堂上"钻牛角尖"，而要先记下来，接着往下听。不懂的问题课后再去钻研或向老师请教。

（6）要努力当课堂的主人。要认真思考老师提出的每一个问题，认真观察老师的每一个演示实验，大胆举手发表自己的看法，积极参加课堂讨论。

（7）要特别注意老师讲课的开头和结尾。老师的"开场白"往往是概括上节内容，引出本节的新课题，并提出本节课的目的要求和要讲述的中心问题，起着承上启下的作用。老师的课后总结，往往是一节课的精要提炼和复习提示，是本节课的高度概括和总结。

（8）要养成记笔记的好习惯。最好是一边听一边记，当听与记发生矛盾时，要以听为主，下课后再补上笔记。记笔记要有重点，要把老师板书的知识提纲、补充的课外知识、典型题目的解题步骤和课堂上没有听懂的问题记下来，供课后复习时参考。

3. 紧抓复习环节

复习是对前面已学过的知识进行系统再加工，并根据学习情况对学习进行适当调整，为下一阶段的学习做好准备。因此，每上完一节课，每学完一篇课文，一个单元，一册书都要及时复习。若复习适时恰当，知识遗忘就少。

早在1885年，德国的心理学家艾滨浩斯，通过实验发现刚记住的材料，一小时后只能保持44%；一天后能记住33%；两天后留下的只有28%；六天后为25%。所有的人，学习的知识都会发生先快后慢的遗忘过程。一些记性好的学生是因为能经常从不同的角度、不同的层次上进行复习，做到"每天有复习，每周有小结，每章有总结"，从而形成了惊人的记忆力。因此，很多学生对所学知识记不住，并不是脑子笨，而是不善于复习，或复习功夫不深。

复习的主要任务是达到对知识的深入理解和掌握，在理解和掌握的过程中提高运用知识的技能技巧，使知识融汇贯通。同时还要通过归纳、整理，使知识系统化，真正成为自己知识链条的一个有机组成部分。复习要做到：

（1）当天的功课当天复习，并且要同时复习头一天学习和复习过的内容，使新旧知识联系起来。对老师讲授的主要内容，在全面复习的基础上，抓住重点和关键，特别是听课中存在的疑难问题更应彻底解决。重点内容要熟读牢记，对基本要领和定律等能准确阐述，并能真正理解它的意义；对基本公式应会自行推导，晓得它的来龙去脉；同时要搞清楚知识前后之间的联系，注意总结知识的规律性。

（2）单元复习。在课程进行完一个单元以后，要把全单元的知识要点进行一次全面复习，重点领会各知识要点之间的联系，使知识系统化和结构化。有些需要记忆的知识，要在理解的基础上熟练地记忆。

（3）期中复习。期中考试前，要把上半学期学过的内容进行系统复习。复习时，在全面复习的前提下，特别应着重弄清各单元知识之间的联系。

（4）期末复习。期末考试前，要对本学期学过的内容进行系统复习。复习时力求达到"透彻理解、牢固掌握、灵活运用"的目的。

（5）假期复习。每年的寒假和暑假，除完成各科作业外，要把以前所学过的内容进行全面复习，重点复习自己掌握得不太好的部分。这样可以避免边学边忘，造成总复习时负担过重的现象。

（6）在达到上面要求的基础上，学有余力的同学，可在老师的指导下，适当阅读一些课外参考书或做一些习题，加深对有关知识的理解和记忆。

4. 独立完成作业环节

独立完成作业是深化知识，巩固知识，检查学习效果的重要手段，也是复习与应用相结合的主要形式。然而，有些学生没有真正利用好这个环节。他们一下课就抢着做作业，作业一完，万事大吉。更有些学生课上根本没听懂，下课后也不问，作业抄袭后向老师交差完事。其实，做好作业有以下意义：

（1）可以检查自己的学习效果。通过做作业可以发现问题，以便及时补救。

（2）通过做作业时的思考，可以加深对知识的理解，把易混淆的概念搞清楚，把公式的变换搞熟练。总之，有利于把书本上的知识转化成自己的知识。

（3）可以培养思维能力。因为作业中提出的各种问题，必然会促使自己积极思考，增强分析问题和解决问题的能力。

（4）做完作业后，不能把它一扔了事，而应当定期进行分类整理，为总复习积累资料。复习时，翻阅一下记录的作业，既方便省事，又印象深刻。

作业是学习过程中一个重要环节。通过作业不仅可以及时巩固当天所学知识，加深对知识的理解，更重要的是把学过的知识加以运用，以形成技能技巧，从而发展自己的智力，培养自己的能力。作业必须做到：

（1）先看书后作业，看书和作业相结合。只有先弄懂课本的基本原理和法则，才能顺利地完成作业，减少作业中的错误，也可以达到巩固知识的目的。

（2）注意审题。要搞清题目中所给予的条件，明确题目的要求，应用所学的知识，找到解决问题的途径和方法。

（3）态度要认真，推理要严谨，养成"言必有据"的习惯。准确运用所学过的定律、定理、公式、概念等。作业之后，认真检查验算，避免不应有的错误发生。

（4）作业要独立完成。只有经过自己动脑思考动手操作，才能促进自己对知识的消化和理解，才能培养锻炼自己的思维能力；同时也能检验自己掌握的知识是否准确，从而克服学习上的薄弱环节，逐步形成扎实的基础。

（5）认真更正错误。作业经老师批改后，要仔细看一遍，对于作业中出现的错误，要认真改正。要懂得，出错的地方，正是暴露自己的知识和能力弱点的地方。经过更正，就可以及时弥补自己知识上的缺陷。

（6）作业要规范。解题时不要轻易落笔，要在深思熟虑后一次写成，切忌写了又改，改了又擦，使作业涂改过多。书写要工整，解题步骤既要简明、有条理，又要完整无缺。作业时，各科都有各自的格式，要按照各学科的作业规范去做。

（7）作业要保存好，定期将作业分门别类进行整理，复习时，可随时拿来参考。

5. 认真记好课堂笔记

记笔记是为了学，为了懂，为了用。记笔记的原则是以听为主，以记为辅。简练明白，提纲挈领，详略得当。难点不放过，疑点有标记。不乱，不混，条理明。对联想、发现的问题，要及时记。笔记要留有空白处，便于复习时补缺。

6. 及时归纳总结

认真总结归纳知识，制定一个自己的计划。及时对自己所学知识进行梳理，找出个学科的主干脉搏，对比容易混淆的知识，做到融会贯通。找找还有哪些不明白的，是方法不对？还是粗心？还是根本就不懂？另外老师应该有讲考试重点内容有哪些？建议你再翻翻重点知识，重点解法有没烂熟于心。俗话说：人类一切进步源于不断归纳总结。

7. 考试

考试是学习过程的重要环节。通过考试可以了解自己的学习状况，以便总结经验教训，改进学习方法，为以后的学习明确努力方向。考试时应做到：

（1）要正确对待考试。考试是检查学生学习效果的一种方法，考得好，可以促进自己进一步努力学习，考得不好，也可以促使自己认真分析原因，找出存在的问题，以便今后更有针对性地学习。所以，考试并不可怕，绝不应当产生畏考心理，造成情绪紧张，影响水平的正常发挥。

（2）做好考试前的准备工作。首先是对各科功课进行系统认真的复习，这是考出好成绩的基础。另外，考试前和考试期间要注意劳逸结合，保证充足的睡眠和休息，保持充沛的精力，这是取得优异成绩的必要条件。

（3）答卷时应注意的主要问题是：①认真审题。拿到试卷后，对每一个题目要认真阅读，看清题目的要求，找出已知条件和要求的结论，然后再动手答题。②一时不会做的题目可以先放一放，等把会做的题目做完了，再去解决遗留问题。③仔细检查，更正错误。试卷答完以后，如果还有时间，就要抓紧时间进行检查和验证。先检查容易的、省时间的、错误率高的题目，后检查难的、费时间的、错误率低的题目。④卷面要整洁，书写要工整，答题步骤要完整。

（4）重视考后分析。拿到老师批阅的试卷后，不仅要看成绩，而且要对试题进行逐一分析。首先要把错题改正过来，把错处鲜明地标示出来，引起自己的注意，以便复习时查对。然后分析丢分的原因，并进行分类统计。看看因审题、运算、表达、原理、思路、马虎等因素各扣了多少分；经过分析统计，找出自己学习上存在的问题。对做对了的题目也要进行分析，检查自己对题目的表达是否严密，解题方法是否简便等。

（5）各科试卷要分类保存，以便复习时参考。

三、事例

王亚南睡三脚床

王亚南小时候胸有大志，酷爱读书。他在读中学时，为了争取更多的时间读书，特意把自己睡的木板床的一条脚锯短半尺，成为三脚床。每天读到深夜，疲劳时上床去睡一觉后迷糊中一翻身，床向短脚方向倾斜过去，他一下子被惊醒过来，便立刻下床，伏案夜读。天天如此，从未间断。结果他年年都取得优异的成绩，被誉为班内的三杰之一。他由于少年时勤奋刻苦读书，后来，终于成为我国杰出的经济学家。

必须记住我们学习的时间是有限的。时间有限，不只是由于人生短促，更由于人事纷繁。我们应该力求把我们所有的时间用去做最有益的事情。

——斯宾塞

第四节　终身学习观对青少年教育的启示

一、养成教育

（一）养成教育的概念

"养成教育"就是培养学生良好行为习惯的教育。养成教育既包括正确行为的指导也包括良好习惯的训练，及包括语言习惯、思维习惯的培养。养成教育的内容十分广泛，养成教育，是培养孩子养成良好习惯的教育。习惯是养成教育的产物，它往往起源于看似不经意的小事，却蕴含了足以改变人类命运的巨大能量。养成教育的目的是培养成功的人格，人格养成专家叶长强先生，因兴趣使然结识众多海内外文化大家、儒释道等百家要人、社会精英人士及名人骚客。浸淫于浩若烟波的中华文化中，总结出人格之精髓——大成模型，填补了国内外人文教育的空白。

大成模型是对往圣先贤人格发展的总结与提升，以人体结构为模型，将全息人格分为道、德、知行、时间、契约、行为、结果、情感、抉择九个部分，以生命进化为前提，在外和内谐的格局内呈螺旋状平衡向道接近成长模型。

（二）养成教育的培养

我们始终认为：中小学教育即良好习惯养成教育＋初步的智力培养。这既是中小学生德、智、体、美、劳得以全面发展的具体体现，也是对中小学生进行"两全"教育的具体措施和手段。近年来，我国针对所在山区学生"性子野、习惯差"一实际情况，在"重视良好习惯养成教育"上做了一些较为实在的具体工作，在"促进学生素质全面发展"上确实起到了一定的效果。

1. 课内重视学习习惯的培养教育。小至上课的一个坐势，大至学习某类固定课型的学习方法，我们都要求贯穿于每一堂课的教学之中。上课时，如果有学生开小差，任课老师会有意识地、采取适当方法予以引导；有同学做小动作，老师会边讲课边下意识地走到该同学身边，直至专心听讲。学生听课过程当中，我们最注重培养的是学生专心听课的习惯。专心与否，我们用举手率来衡量。一堂课下来，根据学生举手次数多少来判断其上课听讲专心的程度。有了指标，学生自然就有了积极性。有了积极性，上课专心听讲的习惯就不难培养了。

其次，重视培养学生作业清楚认真的习惯。对错题和不清楚的作业要求重做这当然是首当其冲的措施，也是对每位学生的普遍要求。对一些脑子灵，因好动，做作业只图速度，不求质量，常常出现这样或那样"低级"错误的同学，老师各显神通，针对不同对象采取不同措施，以求得最佳效益。比如：我们学校四年级班主任江老师针对一位屡教不改的"粗心大王"，私下为他制定了一个称"马大哈"的计划，意思是一次作业粗心了，给自己记一个"马大哈"，看看一天能得多少个"马大哈"。哪天他细心检查得了100分，就在班上予以表扬。这样，约莫过了一个月，这位同学养成了作业做完后细心检查的习惯，"马大哈"的个数逐渐少了甚至没有，100分的次数愈来愈多，成绩一下跃居前茅。对于一些聪明且小节也比较注意的优生，我们非常重视其自学能力、善于动脑筋、善于提问题习惯的培养，以至达到人尽其力的目的。

2. 课外注重行为习惯的养成教育。常言道："无以规矩，不成方圆。"举止不文明、不规范即属于没有规矩。如何让学生的行为文明规范？主渠道在课外；主方法多示范、多指导。另外多开展一些活动。举例来说吧，自从我们学校开始实施《重视良好习惯养成教育，促进学生素质全面提高》计划以来，我们提倡课间或其他课外时间，老师少坐办公室，多指导和参与学生一起活动。在活动过程当中，一旦发现学生有不规范或不文明的行为，老师先是予以指出，接着示范，而后帮助其学生改正。诸如学生乱扔瓜皮、果壳、纸屑，我们每位老师都不厌其烦不知指导、示范了多少人次。正因为如此，才换得如今学生基本养成不随地乱扔脏物的习惯，偶尔有同学扔了，学生之间也学会了互相监督、相互帮助。一个个举止是这样，一句句不文明的话，我们也不放过。只要机会一有，我们就予以指正。

良好的习惯不是靠一天两天，说养成就能养成的东西。对于课外注重行为习惯养成教育，我们既有阶段性，又有侧重面。即在某个阶段主要解决什么不良行为或形成什么良好习惯，我们都有一个侧重。这个侧重每位老师心中都要有数，以便统一步子，取得最佳效益。阶段性的潜伏期，我们视养成其习惯难易程度而定。容易纠正的不良行为，或能很快养成良好习惯的行为，如：熟人见面互相问好，潜伏期短些；对于一些较难改正，顽固性的坏行为，或短时间较难形成良好习惯的行为，如：一些木性的行为，潜伏期一般要长一些。其目的是一个——实现学生良好行为的养成。

另外，我们非常注重榜样的示范。每隔一个潜伏期，我们都要进行一次评比小结，每次小结，我们都要评出一、二个典范。这个总结评比除了鼓励的成分之外，更重要的目的是树立榜样，示范带动更多同学形成良好的行为习惯。

3. 争取家长配合学校，共同做好其良好习惯养成的监督、督促工作。中小学生自觉性、持续性较差。中小学生良好行为的养成，争取家长配合学校，共同做好监督、督促工作，显得尤为的重要。由于所在学校学生居住分散，离学校远，我们采用互相通信的方式加强联系。每学期期初，学校都应该向学生家长发一封公开信，普遍能受到学生家长地关注，从而取得较好效果。

（三）养成教育的注意事项

1. 热心观察，留意表现。实施"养成教育"，首重针对性，针对学生的年龄特点，针对地方实际，针对学生日常的行为习惯。所以，作为教育者，一定要留意观察学生的一言一行，以期选择最好的教育手段，"对症下药"。例如，当我发现班里有一男生连续好几天心神不定，总不断吐唾液，就立即警觉起来，问他怎么回事，他说没事。真的没事吗？不可能，好端端的，吐什么唾液！我跟其家长取得了联系。家长说近几天总发现卫生间有烟蒂。这很可能就是"吐唾液"的原因了。我马上找了好多"吸烟危害健康"的资料，在班里搞了个小展览后，又搞了个讨论会。这次活动后，全班同学更进一步地了解了吸烟的危害性，"吐唾液"的同学也马上跟我"私了"来了。他说，近来跟了几个社会上的人，他们老叫他抽烟，从现在起再也不跟他们来往了，也不抽烟了。果然，没过多久，这学生就不再"吐唾液"了。

2. 家校联系，不可或缺。有些学生具有"两面性"，有的是"在家是个好孩子，在校是个顽皮生"，有的则相反。所以，我们不能单凭学生的在校表现就作出判断。有的学生的"两面性"还不是表现在家校的区别，而是表现在"表里不一"。学生虽然大都比较单纯，不善于掩藏，但个别学生还是可能因为成长过程、生活环境的某种特殊性而致丰富的内心世界与日常的行为表现不尽相同，甚至截然相反。这类学生还要通过老师的关爱、沟通，或日记交流等等措施去作全面了解。曾带过这样一个学生：她是班长，各方面都很优秀。有一阵子，她上课时偶尔目光游离，还有时发呆。我跟她谈心，她总说"真的没事，请老师放心"。家长说家里一切正常，孩子回家也跟往常一样做家务和功课，就是近来有一男生常打电话来，孩子每次听电话都有些不耐烦。凭我的感觉，这学生是有什么说不出的事了。于是，我在她的周记里写上这么一句话："你还没把我当朋友吗？"周记发下去后，她马上就又交上来了，只见里面写着："老师，我真服你了——我可什么都没流露出来啊。是的，我近来心里很复杂，因为我碰到一件说不出来的事啊！我就在周记里跟你说，好吗？""心门"就要开了——在过后通过几次周记交流中，她终于把心掏出来了。原来，隔壁班有一男生向她"求爱"了，说如果她不答应就不读书了。她不可能答应，又担心那男生真的因此荒废了学业，又不敢告诉别人，怕伤了对方的自尊心，所以不知如何是好。找到了"病因"，我就放心了。后来，在我的帮助下，问题终于得到妥善解决了。

3．以身作则，重中之重。"学高为师，身正为范"，"身教重于言传"，这是好多老师都懂的至理名言。可"懂"不等于就能做得好。试想，如果一个老师对"有礼"的学生"疼爱有加"，对"没礼"的学生爱理不理；或站在讲台边抽烟边教育学生抽烟如何不好；或边讲粗话边怪学生不文明，那后果会是怎么样呢？细心的老师不难发现，板书"龙飞凤舞"的老师，带出来的学生写字大都是潦草的；板书"煞有介事"的老师，带出来的学生写字大都是端正的。

4．教育形式，切忌单调。由于学生的年龄特点使然，我们在对其实施"养成教育"的过程中，切忌形式单调，特别是一味的说教，更会让学生"昏昏欲睡"。所以，我们必须针对实际情况，采取形式多样、生动活泼的教育措施。例如，在发现班里不少学生对家长的苦心或苦衷不理解，在家乱使性子后，我着手组织了一个"世上只有妈妈好"的主题队会，把了解到的案例都编进小品、相声、短剧等等节目中去。家长也都请来参加了这次活动。在活动过程中，家长是百感交集，学生是愧疚不已。当演到一个问题小品——《这裤子该不该买》时，节目的原型人物泣不成声，当场向母亲认错。再如，在一次春游活动中，有一个平时总喜欢捣蛋的学生"开小差"，自个儿到另一个地方活动，惹得大家人心惶惶，四处寻找。找到后，该学生虽然觉得过意不去，但也认为"不必大惊小怪"。针对这一情况，在随后的一次语文考试中，我专门为此写了一篇《找到小熊了》的童话，要求学生完成阅读作业后写出读后感。文章讲的是：在去参加森林运动会的途中，小熊由于好奇心强，四处乱窜，最后迷了路。整个熊队伍为了找小熊而错过了比赛机会，熊妈妈还因误中猎人兽夹而受了重伤。该生在完成这道题时，因想起数学老师为了找他而摔破手臂、鲜血沾满衣裳的情景，后悔不已，写了一篇情真意切的读后感，此后，表现好多了。

总结：

无论是在求学的过程，还是学成之后走上社会，已具备良好的行为习惯和思想品质都让他们获益匪浅，成功的几率当然也是相当高。伟大的人民教育家陶行知先生早在几十年前就谆谆告诫全体教育者："小学不但要培养小学生，而且同时培养小先生。这样的小学才算是现代前进的小学。如果只教小孩读死书而不肯教人，那么，它只是一个小小书呆子或一个小小守知奴的制造厂。"陶先生所说的"培养小先生"也是要求我们要重视"养成教育"，让学生学到做人的道理吧。

（四）养成教育——德育的根基

1．事件发展

从小学到中学，常听说班里丢东西。起初是丢铅笔、橡皮、刀子、笔记本之类的，后来是丢钱。最近听我妹妹说，她的一个上了中专的同学的班里，什么东西都丢，丢钱不说，BP 机、快译通、CD 机等都丢。也就是说，如今，对一些学生来说，拿别人东西不还甚至将别人的东西窃为己有已是家常便饭。这情形真令人不安和忧虑：不偷不盗可是人应当恪守的基本道德准则啊。如此品行不端的学生，走入社会后将会怎样？

可回过头来想一想，如今，一些成年人的品行又如何呢？恐怕更令人汗颜。众所周知的假冒伪劣产品的层出不穷和无孔不入，说假话办虚事多吃多占贪污受贿现象的逐渐蔓延和日益严重，不正是一些有判断力有自制力的成年人所为吗？毋庸讳言，当今国人已面临能否守住伦理底线（即每一个社会成员应自觉遵守的最低限度的道德规范）的问题，以致有良知的学者著书疾呼。北大伦理学教授何怀宏指出，"不杀人、不说谎、不欺诈、不奸淫、不偷盗，在市场经济下亟待重申。你可以做不到舍己为人，但你不能损人利己；你可以不是圣贤，但你应该认同道义和人道。你攀升不到道德最高境界，但道德最低下限必须坚守，那是人类的最后屏障！"

2．原因

为什么我们这个德育在教育中始终占重要地位的国度，在一些地方、一些人身上，如今却连最基本的道德操守都已丧失？原因可能错综复杂，但我认为，很重要的一点，就在于我们多年来养成教育的缺乏。长期以来，无论家庭教育、学校教育还是社会教育，多注重于用说教或抓典型、树模范、大张旗鼓地搞宣传的方式进行品德教育，这当然是必要的，但却忽视了对个人良好习惯的教育培养，也就是我们通常所说的"教养"。而一个人道德品质的确立，绝非一朝一夕之功，而在于一点一滴的养成。古希腊的哲人就曾指出："德是表现在行为上的习惯"，"德只能在习性或制约中寻求"。古罗马的一位作家也曾说过："在任何事情上，习惯总是极其有效的主人。"实际上，人日常的言行举止，所作所为，在大多数情况下并非道德判断之类的理性使然，更多的是习性使然，所谓"习惯成自然"。比如说，谁都知道，闯红灯、过马路不走人行横道是违反交通法规的行为，但为什么那么多人都明知故犯？习惯了。一般来说，一个人的行为习惯，就是其品德、人格的体现；国民的行为习惯，就是一个国家道德水准的体现（故有"德行"之说）。很难想象一个偷窃成性的孩子将来会是个廉洁奉公的人；也很难想象假话充斥、假货泛滥的地方能有诚信不欺的社会风尚。

所以，注重养成教育，才能使德育具有根基；培养公民良好的行为习惯，才能树立起良好的道德风尚，才能为精神文明建设打下坚实的基础。

美国心理学家威廉·詹姆士说了这样一句话："播下一个行动，收获一种习惯；播下一种习惯，收获一种性格；播下一种性格，收获一种命运。"我国著名教育家叶圣陶先生也说过："什么是教育？简单一句话，就是要养成习惯。""德育就是要养成良好的行为习惯，智育就是要养成良好的学习习惯，体育就是要养成良好的锻炼身体的习惯。"可见，抓好养成教育是一件多么重要的事情，小而言之，对于学生的全面发展，大而言之，对于提高全民族的综合素质都有着十分重要的作用。

3. 自我认为

我始终觉得我们学生"学做人第一"。因为，在一个人的成长过程中，小学至初中阶段是形成性格的最关键时期。在此阶段，不让学生养成良好的行为习惯，不让学生好好学做人的道理，那就是他们学到的课本知识再多，他们的脑瓜再聪明，也很可能在今后的学习过程中因某种原因而前功尽弃，或走上社会成为一个"半废人"。这样的例子不胜枚举。据报道，今年的2月27日晚，大足县双塔中学发生一幕惨剧：该校初一（四）班学生李力（化名），连续两个通宵上网未回家。父亲来到学校与班主任老师一起对其教育，李父让其下跪认错。不想李力竟当众跑出老师办公室，从3楼跳下自杀，抢救无效死亡。试想，如果李力有良好的行为习惯，会"连续两个通宵上网未回家"吗？如果懂得做人的道理，会有这样过激的行为出现吗？更有使国人难堪甚至伤心的事情：有些外国旅游景点竟然赫然用中文标示：请不要随地吐痰！别人对我们如此"厚待"，作为泱泱大国的国民，我们不可能无动于衷吧？作为教育工作者，我们更应该认识到"养成教育"是何其重要啊！

二、养成教育的实践与思考

根据思想品德课课程标准对低年级学生的最基本要求和儿童的年龄特点，养成教育应该是低年级思品课教学的一项重要内容。因此，在低年级思品课教学中，笔者认为最重要的是抓好"一言一行"的养成教育，即学好每一课，让学生从中明白一个道理，养成一种良好行为，以逐步形成习惯，内化为素质。下面笔者就低年级思品课教学中如何进行"一言一行"养成教育谈谈自己的实践与思考。

（一）读懂课文，学习"一言一行"

低年级儿童思想单纯，知识贫乏，可塑性很强。他们对道德概念的理解和掌握处在直观、具体的水平上；他们的道德情感具有较强的直觉性，是与具体的道德形象相联的；他们的道德行为多半是在教师的要求或效仿教师的情况下实现的。低年级课文正是注意了这些特征，以图为主，图文并茂，深入浅出地寓"一言一行"的养成教育于生动活泼的具体形象中。但低年级儿童识字少，阅读能力低，教学中，教者更应该充分运用直观形象的教材，灵活的教法，诱发情感，帮助学生看懂图意，读懂课文，认认真真地学习文中规范的"一言一行"。

　　一般说来，低年级思品课课文都很短，甚至只有一两句话，怎么办？我的体会是：将课文的重要环节编成朗朗上口的儿歌，指导朗读记忆。还可采用讨论、提问、讲故事、放录音、演幻灯等形式，使道理通过生动的形象，进入学生的脑海。比如上《爱护课桌椅》一课，老师先让学生看童话小电影《桌椅的悄悄话》，学生听到桌椅真挚的语言，看到色彩艳丽的画面，再在老师的指导下反复读课文："课桌椅，天天伴我来学习。不弄脏，不损坏，我们爱护课桌椅"。这样学生较深刻地知道了课桌椅是公共财物，是陪伴学习的好伙伴，要爱护课桌椅。学生课上懂得了道理，课后就能做到不在桌面上乱写乱画乱刻，坐在椅子上，不翘椅腿，不摇晃。又如教《学会礼貌用语》，师生同唱《礼貌歌》揭题，出示幻灯学儿歌，重点指导学习礼貌用语："你好！再见！"并组织学生课堂表演加以练习。

　　思品教材第一至四册都是彩色胶印。这些生动有趣的卡通形象，易引起学生的学习欲望，因此，用活插图，让学生去模仿，学习图中人物的言行，是强化养成教育的有效方法。如教第三册《尊敬长辈》时，要求学生仔细看图，说说小华早晨起床后对长辈是怎样说的？吃水果、看电视时对爸爸、奶奶是怎样说的，怎样做的？教育学生学习小华尊敬长辈的"一言一行"。又如教《课间活动守秩序》一课，这一课的插图是由小朋友玩滑梯、跳长绳、玩老鹰捉小鸡、拍皮球四幅小图构成的一幅双页满图。为了充分发挥这幅图对学生课间活动时"言、行"的指导作用，教学时，可采用贴图的方法，先贴出底图，上面有校门、操场、大树、滑梯，然后依次贴出小朋友玩滑梯、跳长绳、玩老鹰捉小鸡和拍皮球四幅图，逐一引导学生结合课文内容观察和理解图意。这样做，学生的认识就在具体形象之中得到了提高，懂得了其中的道理。课后，学生在玩跳绳、扔沙包、拍皮球、老鹰抓小鸡等游戏时，都能有良好的"一言一行"，做到守秩序、守规则，心中想着别人。

（二）创设情境，训练"一言一行"

道德情感是人们对事情爱憎的好恶态度，是伴随道德认识产生和发展的一种内心体验，它对道德行为起着巨大的调节和推动作用。教学中创设情境，既可以激发学生产生情感上的共鸣，又能结合所学"一言一行"，进行养成性的模仿练习。

电教设境。运用电教手段，可发挥其声像之长，再现学生生活中的某些意境，从而在意境中训练自己的言行举止。如教第一册《我们爱国旗》一课时，在学生初步认识了国旗以后，播放一段全校师生在操场上隆重举行升旗仪式的录像，要求学生重点观察老师、同学们的一举一动。然后再放一次录像，要求全班学生一起参加升国旗。此时此刻，学生都能像录像中的老师、大哥哥、大姐姐那样，立正站好，向国旗行注目礼或队礼，还有的学生嘴里自豪地唱起了国歌，爱国主义的情感表现得淋漓尽致。

表演设境。让学生当堂表演，不仅仅是为了使课堂气氛活跃，更重要的是激发学生的道德情感，提高他们的道德认识，让所学"言行"在操作表演中得到练习。如上《不打扰别人》，在教练习1第一幅图时，我让学生先闭上眼睛，随着我的描述，想象来到大家都熟悉的居民小区，人们都在睡午觉。这时两个学生扮图中的学生，突然喊叫起来，由于不知内情，全班学生为之一惊，随之有学生举手抗议："老师，他们这样做太不像话了，吵得居民们睡不好午觉"。那么应该怎样做呢？在学生有感而发以后，我把全班学生分成若干小组，分角色练习"爸爸在收看新闻联播节目时……"、"当我走进老师办公室时……"同学们都能做到低声说话，轻轻走路：静悄悄，不打扰。

仿图设境。小学生喜欢模仿，善于模仿。因此在教学中，仿照课文插图训练学生的言行，效果是明显的。如教《对人热情有礼貌》一课练习，我让学生轮流上台照图练习，向别人借东西应该怎样说，怎样做？碰掉了别人的东西应该怎么办？踢球把人家撞倒了怎么办？别人道歉怎么办？这样，静止的画面活动起来，变成了一个个小节目。这样做，学生看得见，听得见，学得来，对养成良好的言行具有强化作用。

（三）引导实践，规范"一言一行"

道德行为实践，是学生由知到行的桥梁，也是思想品德课教学的伸延和拓展，对于加深道德认识，提高行为能力是非常重要的，能较好地达到知和行的统一。

结合课堂教学，教者应重视引导学生进行课外实践活动，从而在日常学习、生活中规范自己的言行，巩固教学效果，以便逐步养成习惯。

1. 与学校、班级教育的中心工作相联系，引导实践，规范言行。如教《尊敬老师》，结合教师节举行《教师颂》主题班会，号召学生向教师献爱心。又如教了《遵守课堂纪律》、《上课专心听讲》、《积极发言》、《认真做好作业》等课文后，要求学生严格执行学校规定的学生上课学习行为规范，做到"一个标准"，即上课发言要立正，声音响亮，清楚，普通话标准；"两个一致"，即上下课礼整齐一致，课上坐姿一致；"三个整齐"，即课本、文具盒摆放整齐，举手姿势整齐、读书时手、书的摆放姿势整齐；"三个一"，即看书写字时手距笔尖一寸，胸距桌一拳，眼距书本一尺。

2. 与社会活动相联系，引导实践，规范言行。如市政府号召全市人民行动起来，为灾区人民献爱心。教者可在认真教学《心中有他人》一课后，动员学生节省零花钱，为灾区小朋友献上一本书、一支笔、一个书包……开展手拉手、心连心活动。

3. 与家庭教育相联系，引导实践，规范言行。如教学《自己的事情自己做》一课后，向学生提出几条具体的生活自理的基本要求：如自己穿衣、洗脸、洗脚，自己系鞋带，自己洗手帕、洗袜子，自己铺床、叠被子等等。定期在班上进行洗手帕、系鞋带、叠衣服比赛，评比劳动小能手，努力培养学生的自理能力。

三、养成教育的延伸

养成教育的方法主要应以训练法为主，配合以其它方法，如言教法、身教法、境教法、实践锻炼法、指导自我教育法、疏导法等。

1. 与孩子一同寻找学习的乐趣，给予恰当的奖励，孩子爱看电视，不喜欢学习，是因为他觉得学习远不如看电视有趣，家长可以通过各种形式与孩子一道发现学习中的乐趣。例如您可以让孩子当老师，您作学生，让孩子觉得要好好地"教你"不可。或者可以与孩子来个比赛，做个红花台，谁优胜就印红花。如果孩子朗读不好，可以请其他的孩子来到家中与孩子一块儿读；如果孩子写字不好，可以找来别人的作业本，让他当医生，治一治有病的字，再帮着改过来，您还可以抓住孩子偶尔一次认真地学习用讲故事或买一本好书来奖励他，让孩子觉得学习中有无究的乐趣，认真学习还会得到奖励。

2. 制订学习计划，严格执行。制订学习计划是培养良好学习习惯的重要方法，计划上注明什么时间做什么事。可以列短期计划，也可以列长期计划。学习计划最好在家长的建议下让孩子自己制订，家长监督执行。例如小军比较爱看电视，制订计划时可以跳过动画片时间，这样可以使孩子容易接受一些。长此以往，不仅能培养良好的学习习惯，还能培养孩子做事坚持到底的意志品质。

3. 与老师密切联系，耐心说服教育，家长应多与老师交流，询问孩子在校表现。如果孩子在校表现良好，可以用他在学校的表现要求他在家里也应如此表现；如果孩子在校学习习惯也不是很好，要与老师一块儿教育孩子，端正孩子的学习态度，帮助孩子认识到养成良好学习习惯的重要性，自觉约束自己不好的学习习惯。

4. 学习习惯养成后要不断巩固，良好的学习习惯不是一朝一夕养成的，如果孩子已养成良好的学习习惯，家长可放手让孩子自觉学习，但要注意提醒孩子不要丢弃好习惯。

转移注意力，找他喜欢东西，乐趣，加以引导，告诉他，你的学习也像一次游戏，只有认真学习，好好升学，才能到达自己的最高级别——高等院校。而且多带孩子一起玩，必要的时候，让他和爱学习的同学接触，一起到家里学习玩耍。一定要在有矛头的时候，给予正确的指导，可以适当到儿童网站有关于学习的，美术，音乐游戏中学习到适合孩子成长的东西。

四、养成习惯

我们都知道养成良好的习惯对我们自身是很有好处的，但是要养成良好的习惯并不是一件轻而易举的事，因为人并不是单纯地受理性支配，还要受自己思维和行为惯性的制约。所以要养成良好的习惯首先需要克服这些惯性作用，如何来克服这些惯性呢？

首先，要认识你要养成的良好习惯的意义。清楚你一旦养成这个习惯后，对你将意味着什么，这样会激起你欲养成该习惯的强烈的愿望。一旦有了这种强烈的愿望，你就可以把这些意义和愿望都写下来，贴在自己经常看到的地方以提醒自己。

其次，要制定习惯养成计划。这个计划要有足够的长度，要想在三天两天就养成一个好习惯是很不现实的，一般至少要订三周以上的计划，计划要随身携带，用以督促自己的行动。每天要求自己在同一时间和同一地点按着计划重复某一行为，若做到了就在计划上画个记号，体会一下完成任务给自己带来的好处，这其中定时和定点对养成习惯是非常必要的。

第三，要为自己养成良好的习惯创造有利的条件。如果你想养成运动的习惯，就要为自己创造易于运动的条件，如：平时要穿运动装、运动鞋，并把运动器械放在自己伸手可及的地方，这样行动起来比较方便，自然容易养成习惯。同理若要养成复习的习惯，你也需要为复习提供方便，比如在书桌上只摆放当天的笔记，不摆放书和其它杂物，并把最需要复习的科目的笔记摆在最上面。你也可以把要复习的内容做个便条放在兜里随时翻看。

第四，要进行自我赏罚。实行赏罚时要做到罚得及时，奖得适当。若自己没有做到按计划行动就要对自己实行双倍任务量的惩罚，一旦自己坚持了三天或者五天（总之你自认为值得奖励时），就要满足一下自己的愿望作为对自己耐力的奖赏。以上都属于自我控制法（内控法），此外你也可以采取环境或者他人控制法（外控法）。比如你可以将自己要养成的习惯及其期限公布于众，这样无形中就会对自己产生一个欲兑现诺言的压力，使你不能松懈，自然有利于你形成习惯。另外还可以经常和那些具有良好习惯的同学为伍，不断向他们学习，这样你就会受到他们身上的好习惯的影响，慢慢地自己也就养成了这种好习惯。总之，养成良好习惯对人生的意义是非常重大的，每一个良好习惯的形成都会为你开拓一方精神的疆土，把你带到一个崭新的境地，你渴望有一个良好的习惯吗？那么就不妨按上述方法试一试吧。

五、事例

牛顿爱读书的故事：

世界上有许多着名的科学家的家境是清贫的。他们在通往成功的道路上，都曾与困苦的境遇作过顽强的斗争。牛顿少年时代的境遇也是十分令人同情的。

牛顿一六四二年出生在英国一个普通农民的家里。在牛顿出生前不久，他的父亲就去世了。母亲在他两岁那年改嫁了。当牛顿十四岁的时候，他的继父不幸故去了，母亲回到家乡，牛顿被迫休学回家，帮助母亲种田过日子。母亲想培养他独立谋生，要他经营农产品的买卖。

一个勤奋好学的孩子多么不愿意离开心爱的学校啊！他伤心地哭闹了几次，母亲始终没有回心转意，最后只得违心地按母亲的意愿去学习经商。每天一早，他跟一个老仆人到十几里外的大镇子去做买卖。牛顿非常不喜欢经商，把一切事务都交托老仆人经办，自己却偷偷跑到一个地方去读书。

时光渐渐流逝，牛顿越发对经商感到厌恶，心里所喜欢的只是读书。后来，牛顿索性不去镇里营商了，仅嘱老仆人独去。怕家里人发觉，他每天与老仆人一同出去，到半路停下，在一个篱笆下读书。每当下午老仆人归来时，再一同回家。

这样，日复一日，篱笆下的读书生活倒也其乐无穷。一天，他正在篱笆下兴致勃勃地读书，赶巧被过路的舅舅看见。舅舅一看这个情景，很是生气，大声责骂他不务正业；把牛顿的书抢了过来。舅舅一看他所读的是数学书，上面画着种种记号，心里受到感动。舅舅一把抱住牛顿，激动地说："孩子，就按你的志向发展吧，你的正道应该是读书。"

回到家里后，舅舅竭力劝说牛顿的母亲，让牛顿弃商就学。在舅舅的帮助下，牛顿如愿以偿地复学了。

第五节　终身学习的习惯和培养

一、学习习惯

（一）学习习惯的内涵

学习习惯是在学习过程中经过反复练习形成并发展，成为一种个体需要的自动化学习行为方式。良好的学习习惯，有利于激发学生学习的积极性和主动性；有利于形成学习策略，提高学习效率；有利于培养自主学习能力；有利于培养学生的创新精神和创造能力，使学生终身受益。

（二）学习习惯培养

1. 认真地选择学习的地方

环视一下你的房间，看看哪儿最适合你学习。也许这只是一张书桌，或许只是你房间的一个角落，除了学习用具，其他什么都没有。没玩具，没收音机，没有电视。如果你找不到合适的地方，那就去你常去的图书馆。当你坐下来时，一定要集中精力。如果不想学习的话，千万别到这个最适合学习的地方。

2. 恰当地利用课堂的时间

课堂上要认真听老师讲的每一件事，坐在你既看得清又听得清的地方。这样做可以使你在课下少费些功夫。记笔记可以使你记得清老师课堂上讲的内容，但当老师讲些与主题关系甚微的内容时，就不必记了。

3. 粗略地浏览要读的文章

在你仔细读某篇文章之前，应该粗略地先看一遍，对文章有一个大致的了解。这样，我们在细读时，可以越过一些不太重要的内容。浏览还可以加快阅读的速度，增强理解的能力。

4. 正视对考试的认识

考试目的是让你了解对某学科知识的掌握程度。考试不不仅仅是为了分数，而且是为了让你知道还有哪些地方需要努力，更好地掌握知识。所以考好了，不能骄傲。考不好，也不要气馁。

5. 温故而知新

在家，要养成时常翻看课堂笔记，反复研读课堂上老师提及的要点。

6. 预习

预习第二天老师讲课的内容，有助于更深地理解新的知识内容。养成预习的习惯，会让你对每天的内容掌握的更深刻。

（三）学习习惯的养成

1. 一心向学的习惯

一心向学的习惯，是所有学习习惯中最重要的习惯。这种习惯一旦养成，你就会自动自觉地甚至不由自主地把万事万物都与学习联系起来，你的感观便会成为知识信息的扫描仪和接收器，你的大脑便会成为容纳知识百川并且对其进行过滤、加工、再造的法宝。同时，你会感到生活到处都有乐趣。

2．专心致志的学习习惯

专心致志的学习习惯，是学子必须养成的起码的学习习惯。同学们一定都听说过《小猫钓鱼》的故事吧。与这个故事的寓意相同的还有中国古代"一手画圆，一手画方"的说法。旨在告诉人们学习时不可一心二用

3．严格执行学习计划定时定量的学习习惯

严格执行学习计划定时定量的学习习惯，是实现目标、克敌制胜的法宝。谁能根据奋斗目标制定出科学的计划，并且定时定量地完成计划，谁就能无往而不胜。

一般说来，目标比较容易确定，计划也比较容易制定，难的是定时定量地完成学习计划。这就是通常所说的"知易行难"。

4．认真思考的学习习惯

认真思考的学习习惯，有利于提高学习质量，有利于培养人的能力，尤其是有利于增强人的发现、发明和创造能力。认真思考的学习习惯，是学子比较高级的修养。

5．讲究学习卫生的习惯

青少年时期，既是长知识时期，又是长身体时期，因此，中小学生应该知识身体并重，在整个学习生活中，讲究学习卫生，养成良好的学习卫生习惯。

（四）好的学习习惯

第一包括：按计划学习的习惯。

　　学生的主要任务是学习，同时还有劳动、文娱活动、体育活动、交往等方面的内容。学生应该有一个比较全面的学习计划，并且应该有按计划进行学习的习惯。计划可以调整，但不可放弃。计划应该包括每天的时间安排、考试复习安排和双休日、寒暑假安排。计划要简明，什么时间干什么，达到什么要求明确了，这样的学习就会有的放矢。

　　第二包括：专时专用、讲求效益的习惯。

　　有些同学，学习"磨（洋工）"磨得厉害，平时看书作业，心不在焉，算算时间到是耗得很多，效益不好。其原因就是没有形成专时专用、讲求效益的习惯。

　　学习，应该速度、质量并重，在规定时间内，按要求完成一定数量的任务。这个道理大家都明白，但真正要做到，并不是一件容易的事，同学们应该记住，一旦你坐到书桌前，就应该进入适度紧张的学习状态。每次学习之后，要评价自己做得如何，必要时要得到老师及家长的督促。坚持下去，就能形成专时专用的好习惯。做到该学时学，该玩时玩。

　　第三包括：独立钻研、善于思考的习惯。

　　学习，最忌讳一知半解。要想学习好，必须养成独立钻研、善于思考、务求甚解的习惯。首先，应该学会站在系统的高度把握知识。很多学生在学习中习惯于跟着老师一节一节的走，一章一章的学，不太注意章节与学科整体系统之间的关系，只见树木，不见森林。随着时间推移，所学知识不断增加，就会感到内容繁杂、头绪不清，记忆负担加重。事实上，任何一门学科都有自身的知识结构系统，从整体上把握知识，学习每一部分内容都要弄清其在整体系统中的位置，这样做往往使所学知识更容易把握。

　　其次，应该学会追根溯源，寻求事物之间的内在联系。学习最忌死记硬背，弄清楚道理更重要，所以不论学习什么内容，都要问为什么，这样学到的知识似有源之水，有本之木。即使你所提的问题超出了中学知识范围，甚至老师也回答不出来，但这并不要紧，要紧的是对什么事都要有求知欲，好奇心，这往往是培养我们学习兴趣的重要途径，更重要的是养成了这种思考习惯，有利于思维品质的训练。

再次，应该学会发散思维，养成联想的思维习惯。在学习中我们应经常注意新旧知识之间、学科之间、所学内容与生活实际等方面的联系，不要孤立的对待知识，养成多角度地去思考问题的习惯，有意识地去训练思维的流畅性、灵活性及独创性。知识的学习主要通过思维活动来实现的，学习的核心就是思维的核心，知识的掌握固然重要，但更重要的是通过知识的学习提高智力素质，智力素质提高了，知识的学习会变得容易。

第四包括：自学的习惯。

自学是获取知识的主要途径。就学习过程而言，教师只是引路人，学生才是学习的真正主体，只有自己努力，学习才有真正的提高。学习中的大量问题，主要靠自己去解决。阅读是自学的一种主要形式，通过阅读教科书，主动查阅工具书和资料，可以独立领会知识，把握概念本质内涵，分析知识前后联系，反复推敲，理解教材，深化知识，形成能力。学习层次越高，自学的意义越重要，高考为选拔有学习潜能的学生，对考生的自学能力有较高的要求。

第五包括：合理把握学习过程的习惯。

学习过程包括听课，预习，复习，作业等多个环节，只有合理把握，才能收到良好的效果。

要养成认真预习的习惯。很多同学只重视课堂上认真听讲，课后完成作业，而忽视课前预习，有的同学根本没有预习，其中最主要的原因不是因为没有时间，而是因为没有认识到预习的重要性。

那么预习有什么样好处呢？课前预习可以扫除课堂学习的知识障碍，提高听课效果；还能够复习、巩固已学的知识，最重要的是能发展学生的自学能力，减少对老师的依赖，增强独立性；预习可以加强记课堂笔记的针对性，改变学习的被动局面。

要养成专心听课的习惯。如果课前没有一个"力求当堂掌握"的决心，会直接影响到听讲的效果，如果在每节课前，学生都能自觉要求自己"力求当堂掌握"，那么上课的效率一定会大大提高。实际上，有相当多的学生认为，上课听不懂没有关系，反正有书，课下可以看书。抱有这种想法的学生，听课时往往不求甚解，或者稍遇听课障碍，就不想听了，结果浪费了上课的宝贵时间，增加了课下的学习负担，这大概正是一部分学生学习负担重的重要原因。

集中注意力听课是非常重要的，上课听讲一定要理清思路。要把老师在讲课时运用的思维形式、思维规律和思维方法理解清楚。目的是向老师学习如何科学地思考问题，以便使自己思维能力的发展建立在科学的基础上，使知识的领会进入更高级的境界。上课时如果心不在焉，必定"视而不见、听而不闻、食而不知其味"。

要养成及时复习的习惯。及时复习的优点在于可加深和巩固对学习内容的理解，防止通常在学习后发生的急速遗忘。根据遗忘曲线，识记后的两三天，遗忘速度最快，然后逐渐缓慢下来。因此，对刚学过的知识，应及时复习。随着记忆巩固程度的提高，复习次数可以逐渐减少，间隔的时间可以逐渐加长。要及时"趁热打铁"，学过即习，方为及时。忌在学习之后很久才去复习。这样，所学知识会遗忘殆尽，就等于重新学习。

要养成独立完成作业的习惯。作业是为了及时检查学习的效果，知识有没有记住，记到什么程度，能否应用，应用的能力有多强，这些学习效果问题，单凭自我感受是不准确的。真正懂没懂，记住没记住，会不会应用，要在做作业时通过对知识的应用才能得到及时的检验。作业可以加深对知识的理解和记忆，实际上，不少学生正是通过做作业，把容易混淆的概念区别开来，对事物之间的关系了解得更清楚，公式的变换更灵活。可以说做作业促进了知识的"消化"过程，使知识的掌握进入到应用的高级阶段，抄作业是对自己极不负责任的行为，应该杜绝。作业可以使思维能力在解答过程中，迅速得到提高。作业题一般都是经过精选的，有很强的代表性、典型性。因此就是做过的习题也不应一扔了事，而应当定期进行分类整理，作为复习时的参考资料。

学习中应当培养的优良习惯还有许多，诸如有疑必问的习惯，有错必改的习惯，动手实验习惯，细致观察的习惯，积极探究的习惯、练后反思的习惯等等。只有养成了良好的学习习惯，学习才会变得轻松，学习的效率才会不断提高。希望大家能够认真地作一次反思，看看自己的学习习惯究竟如何。

二、学习习惯的分类

（一）主动学习的习惯

1. 定义和内涵

主动学习，意指把学习当作一种发自内心的、反映个体需要的活动。它的对立面是被动学习，即把学习当作一项外来的、不得不接受的活动。

主动学习的习惯，本质上是视学习为自己的迫切需要和愿望，坚持不懈地进行自主学习、自我评价、自我监督，必要的时候进行适当的自我调节，使学习效率更高、效果更好。

具体地说，主动学习的习惯主要包括六个方面的内涵。

一是把学习当成自己的事情。这主要体现在处理好学习的每个细节，尽量不需要别人的提醒，做好自我管理。当然，不是每个人都是天生的"爱"学习者，所以培养主动学习的习惯，有时也需要别人的提醒和帮助。

二是对学习有如饥似渴的需要，有随时随地只要有一点时间就要用来学习的劲头。鲁迅说，他只是把别人喝咖啡的时间用在了读书上。他还说，时间就像海绵里的水，只要愿意挤总会有的。事实上，一个人如果养成了主动学习的习惯，他就永远不会抱怨时间不够用，因为随时随地，只要有空闲，他首先想到的事情总会是学习，这样就能把零散的时间都利用起来。

三是对自己的学习及时有效地进行评价。一个人在学习过程中，不仅学习水平在不断变化，其兴趣和爱好也在不断地变化。对这些方面进行评价和审视，不仅有利于保证学习的速度和质量，更重要的是能保证学习方向的正确。

四是主动调节自己的学习行为，以适应不同的环境和需要。我们身边的环境并不由我们自己决定，当一个人总在抱怨周围的环境是多么不公的时候，他的注意力十有八九已经脱离了学习本身，他的能力也将浪费在抱怨中。适应不同的环境，不仅是主动学习的表现，也是锻炼多种能力和丰富人格力量的机会。

五是遇到困难坚持不懈。多数人的学习不会一帆风顺，遇到困难能够坚持下去，是主动学习的重要内容。

六是要正确对待别人的帮助。常常有人抱怨自己的学习成绩不好是因为父母帮助得不够，或者是父母没给自己请到好家教之类。其实，如果我们稍微细心观察，就能发现，越是学习好的学生，越是有思想的人，对别人直接帮助的需求就越少，越能更多地自己埋头钻研。别人的帮助，对他们来说主要是提供不同的信息，拓展自己的视野。

2. 培养要点

培养主动学习的习惯，首先要培养对学习如饥似渴的需要，兴趣是最好的老师。只有形成了这种需要，才能主动去寻找和发现自己感兴趣的学习资源，并能战胜学习中遇到的种种困难。

其次，把学习当成自己的事情。独立、认真、扎实地做好学习中应该做的每件事情，解决好学习中遇到的每个问题。

再次，学会进行自我评价。自我评价是每个主动学习者必需掌握的基本步骤之一。有正确的自我评价，才能弄清楚自己的学习状况，既知道自己的优势，也知道自己的缺陷。这样既有利于发挥自己的长处，也有利于对自己的弱势进行改善和提高。

另外，要有百折不挠的勇气。世界上的聪明人不可谓不多，但成功者却相对寥寥，究其原因，多数人并非智力不及，而是没有面对一再受挫的勇气。

3. 具体方法

（1）增强学习快感，培养直接兴趣

著名物理学家杨振宁曾说过：他不赞成有人说他是"刻苦"学习的，因为他在学习中从没感到"苦"，相反，体会到的是无穷的"乐"。学习若能给孩子带来快乐，那么孩子一定会喜欢学习，年龄越小的孩子，学习兴趣越是以直接兴趣为主。例如：有的孩子喜欢画画，可能是他乐意用五彩的蜡笔在纸上涂抹，看着五彩的线条在纸上延伸、扩展，他的思维、想象也跟着任意遨游、旋转；也可能是老师经常表扬他，虽然他画得并不怎么样。那么，怎样才能使学习变为快乐的事呢？

首先，多表扬，少批评。要善于发现每个孩子的优点。有些家长开口闭口就是"这么简单都不会，光知道玩"，本是恨铁不成钢，却不知好钢已在批评中钝化了，日久天长孩子总觉得自己很差，总有错，在学习中有压抑感，于是厌恶学习。如果孩子是真的做错了，当然也要给予批评，让孩子明白大人为什么要批评他，让他明白道理。

其次，使孩子一开始就有成功的体验。成人要尽可能使孩子掌握好知识，一开始就让孩子学懂，这样既增强了孩子的自信心，又使他体验了学习的快乐。

（2）明确学习目的，培养间接兴趣

优秀家长的经验也证明：学习目的的教育应该联系孩子的思想和实际，坚持耐心细致的正面教育，通过生动形象、富有感染力的事例，采用多种多样的形式，把学习目的与生活目的联系起来，这样才可以收到良好的效果。例如，有的孩子在学跳舞，她不喜欢舞蹈基本功练习，吃不了这个苦，但是她对学习舞蹈可以参加各种演出表演活动的结果感兴趣，这种兴趣可以促使孩子去从事基本功练习的活动。所以家长们既要充分利用孩子的直接兴趣，激发其勤奋学习，更要通过学习目的教育来提高孩子的间接兴趣。兴趣在活动中的动力作用，已为不少心理学家所承认。瑞士儿童心理学家皮亚杰把兴趣说成是"能量的调节者"。我国著名心理学家潘菽认为："兴趣是学习动机中最现实、最活跃的成分"。孩子对学习有兴趣，就可以激起他对学习的积极性，推动他在学习中取得好成绩。

（3）利用孩子的好奇心，培养学习兴趣。

孩子具有好奇、好问、好动的持点，成人应充分利用它来激发孩子的学习兴趣。有的孩子把闹钟拆开，有的孩子不停问为什么，家长若不了解孩子的特点把这看成淘气、捣乱，对孩子采取批评、冷淡、不理睬的态度，就会损害孩子智慧幼芽的生长，挫伤他们求知的积极性。另外对孩子的提问要积极回答，如果不会则可告诉他弄明白后再告诉他，但是说到要做到切不可敷衍了事。如果家长是骗骗他，以后孩子不懂的问题他也就不问了，这样就会戳伤孩子的积极性和好奇心。

（4）创立有利于学习兴趣培养的外部环境。

只有肥沃的土壤才能长出好庄稼，只有良好的家庭环境才可能培养出智力优秀、聪明活泼的孩子。首先，父母要以身作则，热爱学习。家长是孩子的第一任老师，身教重于言教。若父母督促孩子要努力学习，而自已却常常通宵达旦地打麻将，那么孩子感兴趣的恐怕不是如何搞好学习，而是如何玩好牌；学习的恐怕不是科学知识而是玩牌窍门了，若父母饭后捧一本书，伴一杯清茶，端坐书桌前，伏案写作，孩子耳濡目染，也会经常看书、学习。

（5）做孩子的表率。父母是孩子的第一任教师，也是终生连任的教师，孩子每天都在用最精细的眼神观察着父母的一言一行、一举一动，他们模仿着、学习着，往往在你还没有觉察的时候，你的言行举止已经给孩子留下了深刻的印象。有句俗话："上梁不正下梁歪"。如果想让孩子从小养成良好的做事习惯，那么"上梁必须正"，必须以身作则，无论处理什么事情，都要认真、圆满地完成，做孩子的表率。

（6）从严要求。坏的习惯，非严格要求不能矫正；好的行为，非严格要求难以形成、巩固。有的家长兴之所至，要求孩子完成某件事情，起初能坚持督促孩子去做，日后，当孩子不肯做时又轻率迁就，这些做法都不可取。

（7）坚持鼓励为主。如果孩子做事中途退缩，不想完成，成人切忌唠叨个没完，或者张口就骂，动手就打，更不要讽刺、挖苦，这样做很容易使孩子产生逆反心理，以致伤害其自尊心。而应细心观察，对于他们产生的困难及时予以帮助，对于他们的点滴进步要及时予以鼓励、表扬，使他们产生愉悦感和自信心，从而使孩子树立坚持完成任务的决心。

（8）应重视对孩子自制能力的培养。自制力就是能够控制自己、支配自己的行动的能力。它表现为既能善于促使自己去完成各项任务，又能善于控制自己的行为。孩子由于年龄小，注意力不稳定、自控能力较差，做事往往有头无尾，所以，要根据以上特点，从孩子生活习惯方面入手，先提出小的要求，让其通过不大的努力就能完成任务，久而久之，就会逐步地学会控制、约束自己的行为，去完整地做好每一件事情。

（9）让孩子负一点责任。孩子做事往往是凭兴趣，不爱干的事情常常半途而废。针对这些情况，成人应故意把一些事情郑重地作为一个任务交给他，比如，家里喂养了小动物，要求孩子给它们喂食、让孩子去取牛奶等。孩子觉得自己有了一定的责任，也就增加了克服各种困难的勇气，通过自己的努力把事情做好，也就逐渐养成了做事有始有终的习惯。

（二）不断探索的习惯

1. 定义和内涵

不断探索，就是在未知的领域里，凭借自己的兴趣爱好、凭借自己的发现和寻找进行学习，多方寻求答案，解决疑问。

培养要点

培养不断探索的习惯，首先要对周围某些事物、现象，对听到和看到的观点、看法有浓厚的兴趣。如果周围的任何事物和现象都引不起你的丝毫兴趣，不能令你有所感触，不能让你心动，那就不可能产生真正的探索。探索首先来源于兴趣。除了兴趣，最好能有物质的条件和准备，如相应的场所和工具。比如对于实验科学，如果能有一个实验室，是再好不过的。

培养不断探索的习惯，还需要不断丰富自己的信息资源。信息资源，既包括人的方面的资源，也包括知识方面的资源。就人的方面的资源来看，遇到一位能够看到你潜力的伯乐，他能带你走上一条成功的道路。培养不断探索的习惯，还要对新事物有开放的心态。

2. 创造性学习

"万丈高楼平地起"，小学时期良好的学习习惯是取得良好学习效果的先决条件，更是影响孩子人生发展的重要因素。如果说兴趣是最好的老师，那么习惯就是老师的心脏。小学阶段是学生养成良好学习习惯的重要时期，根据深化教育改革，全面推进素质教育的要求，我在教学中刻意激发学生创新意识，培养创造性学习习惯，做了一些有益尝试。

(1) 明确目标培养学生创造性学习习惯

培养学生质疑提问的习惯。在参与、经历数学知识发现、形成的探究活动中，善于发现、提出有针对性、有价值的数学问题，是学生创造性学习习惯培养的一个重要方面，因为质疑是创新的开始。在数学教学过程中，有意设计并逐步培养学生善于观察、积极思考、主动质疑的学习习惯，让他们想问、敢问、好问、会问。

培养学生手脑结合，注重实践的习惯。低年级儿童的思维以具体形象思维为主，因此小学数学教育必须重视培养学生动手、动脑、动口的良好习惯，通过看一看、摸一摸、拼一拼、摆一摆、讲一讲来获取新知。例如在学习"角的初步认识"时，角的大小与两边的长短有没有联系？这个问题就可以通过操作自制的活动角，边操作、边观察、边讨论，从而得出正确的结论。开展类似的教学活动，就能使学生养成手脑结合，勤于实践的学习习惯。

培养学生多角度思考的习惯。多角度思考问题的习惯，有利于培养和发展学生的求异思维、发散思维、逆向思维等进行创新活动所必需的思维形式。对数学而言，题目的答案可以是唯一的，而解题途径却不是唯一的。课堂上有了一种解法后，还要求两个、三个直至更多，甚至能从不同侧面来探讨和否定已有的答案，使学生善于打破思维定势，提高思维的灵活性。

（2）优化教学过程促进学生养成创造性学习习惯

激发创新意识。培养学生创造性学习习惯，必须发掘教材中的创新因素，善于捕捉生活中的创新火花，把看来似乎是枯燥、抽象的数学问题通过创设情境、变换形式，使其具有趣味性、思考性、应用性和开放性。例如在教学"比较大小"的时候，我请同学们自己设计"大于""小于"符号，并说出自己设计的思想和依据。结果，同学们十分踊跃，设计出了多种多样的"大于""小于"符号，争着说出自己设计的思想和依据。体现了我刻意营造创新意识的氛围，"五花八门"之意图。

放手让学生在自己活动的天地里自主参加实践活动。学生创造性学习习惯的养成离不开一次次的实践活动，教学时要防止对学生太多的"干涉"和过早的"判断"。学生的创新正是在不断尝试、不断纠正中逐步发展的。如果怕学生犯错而在教学中"小心翼翼"地把实践步骤分得很细，纳入教案轨道，剥夺学生探索的乐趣和尝试失败后内疚与挫折的情感体验，结果只会使学生疏于动手，怯于尝试，干什么都束手束脚，创新意识又从何谈起？

教学中应给学生创设一些易"犯错"的"机会"，让学生在探索过程中自主地发挥智慧和潜能。如学习"厘米的认识"时，有一位学生想量黑板的长度，却遇到尺短的困难，就发动其他同学一起来想办法。他们想出"用短尺一把一把接起来"、"先用短尺量，量一段就用铅笔作记号再量"，还有学生想到解下身上的皮带，先用皮带量，再用尺量皮带的方法。一时间，学生们争先恐后想了许多方法，最后学生"否定"了这些办法说："只要到体育室借一把长长的卷尺来，一下子就可以量出黑板的长度了。"这时，学生们受到了启发，有的说妈妈裁衣服的软尺也可用，有的说出画黑板报时用的米尺也能用……让学生在自己活动的天地里自主参与实践，不但自主学习能力得到培养，也使学生体验到了尝试动手的乐趣与解决问题的快乐。

善于捕捉学生创新思维的火花。学生在提出问题、解决问题的过程中，会闪现智慧火花和灵感，课堂上要善于捕捉这些瞬间火花，及时给予肯定和鼓励，就可以成为星星之火。

创造性学习习惯的培养和养成，是一个长期的过程，是一个渐进的过程，不会一蹴而就，需要持之以恒。

(三) 自我更新的习惯

1. 定义和内涵

自我更新，就是不固守已经掌握的知识和形成的能力，从发展和提高的角度，对自己的知识、认识和能力不断地进行完善。

自我更新，需要不断地对自己掌握的知识和能力进行联系、推敲、质疑和发展。打开任一学科的任意主题的综述类论文，我们都能看到这样的现象，所有的科学发展，最初几乎都显得非常幼稚，甚至很多观点简直幼稚得可笑。但是，正是从这种幼稚开始，一个严密的科学体系逐渐建立了起来。对于具体的人来说，最初产生的认识和能力在更高水平的人看来往往也是幼稚的，但是所有高水平的人也是从幼稚开始发展的。明确自己的认识存在发展的空间，即存在"幼稚"的一面，是进行自我更新的前提。

个体的发展与人类整体的发展，在认识发展上遵循完全相同的规律。所以，知识越渊博的人，往往更谦虚——因为他们清楚自己不知道的更多；而一知半解的人反而显得很骄傲，似乎无所不知，因为他不知道的比知道的要多得多。

自我更新首先要有追求的动力。没有发展动力的人，即使有好的天分，有好的条件，也不一定能够获得良好的发展。生活条件优越的人，不一定能够发现自己条件的优越，相反却更可能在优越的环境中无法找到追求的动力和目标。

自我更新还需要广泛探索。

自以为是和举止轻浮是妨碍自我更新的绊脚石。

永葆自我更新的激情，还要不为荣誉所累。

2. 培养要点

首先，要让自己心态开放。有的人习惯说"不"，对于新信息总是拒于千里之外。诚然，社会上有不少新信息、新事物非常轻浮，需要拒绝，但若以此为由，将自己尚且了解不多的东西也轻易拒绝，实际上这是在封闭自己。心态开放，就要对一切新信息和新事物持有开放的心态。对于它们当中的糟粕，要给予有力的反驳和批判；对它们当中先进和有价值的信息，也要充分深入地认识、理解和运用。

国家、民族的发展如此，人的发展也是同样的道理。随着科技的发展，人的认知视野会越来越广阔，面对层出不穷的新事物，盲目排斥是不必的，开放心态进而吸取精华、弃除糟粕才是明智之举。

其次，培养对新事物、新现象的敏感性。能够敏感地发现新事物的不同之处，对于自我更新非常重要。

第三，要善于进行反思。学会用一整套的方法反思自己的行为得失，自己的思想水平和境界层次，对于个人的自我更新的意义重大。在反思的过程中，对自己的成见要持客观的批判态度，而不是像得到燕石的宋国愚人那样"敝帚自珍"，抱残守缺，对别人的评论和意见不屑一顾。

第四，一个人缺少知识并不可怕，怕的是像那个把燕石当成宝玉的宋国人一样，既孤陋寡闻，又不懂装懂，听不进别人的忠告，做了蠢事还自以为得计。

扩大自己的视野。这是自我更新的重要源泉。自我更新，不是毫无因由发生的。要进行自我更新，必然是因为有所发现，而要有所发现，必须扩大自己的视野。

第五，虚心。虚心也是自我更新需要的重要素质。

第六，重视别人的意见，主动纳言。这对自我更新意义非凡。

3. 自我更新的表现

知识是一切美德之母，只有知识的江河才能载起事业和理想之舟。我国历代有成就的人都很注重求知，认为只有用知识来武装自己，才能使自己成为一个完善的人。书籍是知识的载体，因此善于读书是获取知识的重要途径和塑造自己人格的重要手段。

书籍是和人类文明与社会历史一起成长起来的。书籍记录了人类的历史和人类对于自然界的新发现，记载了古今中外所积累的知识和经验。书籍中描绘了多姿多彩的自然景观与波澜壮阔的历史画面，弥补了时间和空间的局限。书籍可以使我们增长知识，陶冶情操，是我们不可分离的良师益友。困惑时它给你启发，悲哀时它给你慰藉，得意时它给你清醒，低落时它给你力量。书籍是时代的镜子、历史的化石、人类文明的阶梯。读书可以使自己获得多方面的知识，增长多方面的才华。正如培根所说"读史使人明智，读诗使人聪慧，演算使人精密，哲理使人深刻，道德使人高尚，逻辑修辞使人善辩。"只要选择了自己的奋斗志向，就可从各种不同门类的书籍中吸取营养。那时你就会感到，书籍像一艘船，引导你冲出狭隘的沟谷，驶向生活的海洋。

人类历史在不断发展，现代化的科技也日新月异的发生着变化。

我们要适应瞬息万变的高科技时代，就要不断地学习，用新的知识充实自己。

（四）学以致用的习惯

1. 定义和内涵

常常听到有学生抱怨学校里学的东西没有用，果真如此吗？学不致用，当然无用；学以致用，自然会有用。在我国现阶段的学校教学中，可能由于种种原因，老师并不能经常引导学生把刚刚学到的知识与生活实践联系起来，很少给学生出一些生活类的题目，把一段时期学习的某个专题，甚至多种学科的多个专题的知识结合起来，进行综合运用。但是，这并不代表知识本身是没有用的。

知识，来源于整个人类的生产生活实践，是人们在实际问题的过程中不断发展和完善起来的。所以，就知识本身而言，它必然是有用的。之所以会产生"知识无用论"，一方面由于教师对知识的运用引导得不够，更重要的一方面是学生自己在探索知识的可用性上没有下工夫。当然，这并不是指责现在的学生不努力。在当前的教育制度下，学生的学业负担过重、压力太大等，也是导致不能学以致用的原因。现在我们不是去追究原因是什么，而是要把讨论的重点转向怎样做到学以致用上来。

"学以致用"的精髓，一方面在于把间接的经验和知识还原为活的、有实用价值的知识。这个还原的过程需要有一双敏锐的眼睛和始终思考的心灵。一双敏锐的眼睛，让你去观察现实世界里的现象是什么样子的。而始终思考的心灵，则让你不断去发现现象背后隐藏的规律。

"学以致用"的精髓，另一方面在于动手。理论上行得通的东西，在实践中做起来可能远远比想象的复杂得多。"纸上得来终觉浅，绝知此事要躬行"，动手做一做，比单纯的"纸上谈兵"要来得更具体、更全面，也更直观。对于技术性的工作，最优秀的往往不是学历高的人，而是有操作倾向、操作能力和操作经验的人。

在"学以致用"的过程中，人们能够充分发现自己的潜力。很多人对自己没有信心，认为自己这也不行，那也不行，肯定什么也做不好。可是，这里有个问题：你试着去做过吗？你做的时候是浅尝辄止，还是不断地尝试屡败屡战呢？有些问题貌似很复杂，其实真正去做的时候却会发现并不太难。对于真正复杂的问题，又不可能一蹴而就，如果浅尝辄止，只能加重自己的失败意识，更加没有信心。所以，多做，就会发现自己能做的事情很多；少做，就会发现能做的事情很少。

培养要点

养成"学以致用"的习惯，首先要经常观察和思考。观察和思考是一切智慧的源泉。现象和规律都是客观地存在着，就像苹果园里的苹果年年都会往下掉，被砸中的人也不计其数，却只有牛顿因此发现了万有引力定律，这就是观察和思考的效果。可以说，几乎所有的发现都来源于细心的观察和思考。

其次，要学会"做"。"做"是这一习惯的核心，我们要不断动手去做实验，验证自己提出的想法和观点。

除了实验，"玩"也是"做"的重要方式之一。人喜欢的"玩"有两种方式，一种是纯粹为了轻松，什么也不想做，属于"娱乐休息"的玩。还有一种是探索性的玩，凡事想弄个究竟，想玩出点花样。同样是玩游戏，有的人能从玩中学会自己编游戏程序，而有的人则沉溺于其中，荒废青春年华。所以从本质上来说，玩也不是完全一样的，区别的关键在于在玩的过程中，大脑是被游戏牵着走，还是在为游戏设计规则、进行改进和提高。

知识是动手操作的生长点。任何动手操作的成功，都离不开知识。在探索性的动手过程中，可能我们刚开始并不很清楚里面的规律和蕴含的知识，但是操作的过程只有符合了规律之后才能成功。所以，对于动手操作来说，最终总结出其中蕴含的规律性的知识非常重要。只有这样，操作才能更高效地推广利用。

2．如何学以致用

这个世界上最远的距离是什么？是知与行的距离！人们通过学习，了解掌握了许多事物的理论原因及相关的操作知识方法。但是，学进去和用出来是两回事，很多人说某某事知道了，某某操作过程了解了，某些理论明白了，仅此而已！但没行动，往往是为了学习而学习，并没有实际运用到现实中去，这就失去了学习的意义了，学以致用方为学习的核心价值所在。

外部环境所迫，许多新知识、新技能方面的匮缺，已经成为影响发展的主要障碍了，对自己的再提升，力图将自己的管理和发展上进行企业化提升。但是，真正实现了有效转换，也就是学以致用的其实并不多，前面学，后面丢，然后再学再丢，这个原因在那里呢？学以致用还是学以弃用的案例都有，在此撰出，以供各位朋友参考。

第一点：自己对学习的看法与态度是一个很重要的方面和前提。

1．对事物的判断大多属于经验指导型的，就是在接受新事物时是在以自己经验积累的基础上去分析，或者说是在自己目光所能看到的范围之内去进行判断，若是接触到新生事物在自己所了解熟悉的大范围之内，OK，那没问题，认同互通感顿生，麻溜地接受。

2．若是所接受的新生事务已经超越了自己的知识眼界范围之外，比如说是以一套全新的分析系统或是更高更宽广的观察高度来分析判断问题，那么，下意识的反映就是抵触与怀疑。是吗？真的吗？可能吗？蒙事的吧！

3．例如在引进新产品时，很少去进行理性的市场调查与分析，而是根据自己以前的销售经验和自己所能看的同类产品的销售状况，来分析判断这个新产品的市场前景怎么样，当然，这种分析判断方式是很糟糕的，这也是我们今天看到大批的经销商不断的找新产品，又不断的把新产品做成死产品，然后再找新产品，周而复始。大量消耗财力精力的原因所在。

第二学习是为了改变或是提升现状。

1．从安全角度考虑，改变得从小处动手，分出轻重缓急，逐一处理解决，这也是我们前面提到的渐变，当然，最终达到目的产生效果的必然是巨变，但我们可以把这个巨变拆解成若干个渐变。

2、在明确整体的大方向后，经销商可以把整个改革计划拆分成若干的个小方案，分出前后次序，从小事做起，例如基本的办公环境整顿，客户档案的整理，再逐渐延伸到业务工作流程和内部管理事务流程的清晰化，图示化（就是把相关的工作流程以图形的形式表达出来，画在大开白纸上，再贴到墙上，让大家一眼就能看明白，知道各类工作事务的工作流程怎么走，具体哪个岗位都负责干些什么，各自都应该担哪些责任，各级的衔接岗位和人员都是谁，出现问题的修正方案等等），先把内部事务都整清爽了，再逐步拓展到外部事务上，但这也要分个前后次序，例如在一些客户的管理提升上，可别从下游重要客户和 KA 卖场做试验，一但弄砸了麻烦就大了，可以先从一些次要上游厂家那里做起，收集经验，调整修改，然后再延伸到普通上游厂家，最后才到重要的上游厂家，稳定好上游之后，再来一步步兵进行下游客户的管理提升，这也得从一些次要下游客户那里做起，逐步推广到所有下线客户，千万别搞一刀切，那就是巨变了。

第三点，从老板学以致用到全员学以致用

1．现在许多经销商老板也明白一个道理，真正的老板不是督促指挥员工干活的，更不是亲力亲为干活的，而是看人，挖人，带人，然后用人管人，人尽其材，员工去管理员工，员工去督促员工，员工去培训员工，员工去主动发现问题，解决问题。方为做大做强之根本也。

2. 在学习受训方面，现在许多老板也舍得在员工身上进行投资，鼓励员工去进行学习和受训，同样，员工去学习和受训也存在这个学以致用的问题，经销商老板得有意识把自己在学以致用方面的实操经验，逐步的复制传授给员工，进行全员学习与全员提升，这样才能与整体的提升和改革进行匹配。在这点上，有些经销商老板还是放不开，总觉得员工的最大价值就是执行力，但是，任何一家公司的核心竞争力一定是人，一定是一群人，老板自己单枪匹马再聪明也没多大用，这个方面已经有太多事例可以证明了，提升员工的思维水平是提升操作水平的前提，愚民政策也是被无数次证明是落后的，退一步说，若是思想上没有理清楚，没有与老板的战略发展部署有认同和接受，执行力又从何而来？

3. 经销商在学习不仅仅投资了金钱时间精力，还包括有对学习的兴趣，若是没有很好的学以致用，就产生不了相应的转换价值，不但浪费了这些资源，更重要的是削弱了经销商对学习的热情和兴趣，同时也是削弱了经销商公司内部群体对学习的热情和兴趣，退步成为一个跟不上市场发展与变化的经销商，这对经销商的未来发展是有很大的损害的，知与行，这个世界上最远的距离，其实也可以成为世界上最近的距离。

（1）学习目的——有可能是不清晰自己要学习的真正目的，什么东西是适合自己并先要学习的；

（2）知识结构——不清楚自己的长短之处应该如何去提升，不大了解自己的知识层面和知识结构；

（3）听课总结——只会听课不会总结，在课堂上听到 80%，下课后有 50%，回家后剩余 20%，几天后仅余 5%，再一段时间后基本全不记得了；

（4）学习方法——关注学习却没有把握好学习方法，不知该如何去学习，用什么学习方法能提高学习效率。

（5）领悟运用——没有总结没有领悟，又哪能运用在工作上生活上呢？不常多用多操作哪能成为一技之能呢？

（五）科学管理知识和处理信息的习惯

1．定义和内涵

在知识社会里，信息浩如烟海，会游泳者生，不会游泳者亡。这里的"游泳"就是指管理知识与处理信息。

可以肯定地说，21 世纪最重要的学习能力就是学会管理知识和处理信息。具体说，你不可能也不需要记住所有的知识，但你可以知道去哪里找你需要的知识，并且能够迅捷地找到；你不可能也不需要了解所有的信息，但你可以知道最重要的信息是什么，并且明确自己该怎么行动。

科学管理知识和处理信息，首先要学会反思。孔子之所以成为千古圣贤，得益于"一日三省吾身"。中国之所以有改革开放的巨变，得益于对历史与现实的反思。人类之所以向往和平与发展并越来越重视环境保护，也得益于对历史与现实的反思。具体到我们每一个人的真正进步，无不得益于对过去的反思。所以说，人之所以为人，反思是特别重要的特点之一。

教育家陶行知在重庆创办育才学校的时候，要求全校的学生养成每天自省的习惯。用他的话来说，就是做到每天四问，第一问，你的身体有没有进步？第二问，你的学问有没有进步？第三问，你的工作有没有进步？第四问：你的道德有没有进步？在这当中，应该做到五个字，第一个字是"一"，专一的"一"；第二个字是"集"，收集的"集"；第三个字是"钻"，钻研的"钻"；第四个字是"剖"，解剖的"剖"；第五个字是"韧"，坚韧的"韧"。陶行知归纳的四问五字，就是需要我们每天反思的内容与方法。

其次，要学会有效地利用计算机和网络，同时要在了解的基础上避免对计算机和网络的不良运用。要学会管理知识和处理信息，不使用计算机和互联网几乎是做不到的。

计算机的功能有很多，如游戏、绘图、统计、阅读电子出版物、看电影或动画片、听音乐，等等。互联网的功能远远胜过计算机。当我们的计算机与世界上无数计算机连接起来，它给孩子及家庭带来一种全新的生活。

除了计算机能做的，互联网还能为我们做什么呢？

据中国社科院大众传媒与青少年发展中心主任卜卫研究员的介绍，互联网至少有五大功能，第一，帮助我们学习使用信息资源的技能；第二，为我们建立一个环球交流网；第三，增加青少年接触世界的途径；第四，学会勇敢地表达自己；第五，增加与父母、朋友的交流。

2. 培养要点

反思是培养科学管理知识和处理信息习惯的重中之重，那么要怎样进行反思呢？

首先，要多思考。做错了题或写错了字，要自己主动思考，而不是急于去向老师、父母和同学问正确答案。因为学习是一个"悟"的过程，而"悟"是别人替代不了的。做完了作业，首先要自己检查，自己反思总结。

其次，要多复习。读书学习有一个把书变薄再变厚的过程，即读完厚厚的书或学完长长的课，经过反思会悟出最紧要的东西，这就是把书由厚变薄。抓住最紧要的东西，加以联想、引申、升华，薄薄的东西便逐步加厚，又成为一本厚书。但是，这已经不是原来的书，而是学习者个人独创的书。

再次，要多动笔。俗话说，好记性不如烂笔头。由于写作比讲话往往更深刻、更理性、更严谨，多动笔便成为反思的基本方法之一。譬如，写日记、写读书笔记等方法，值得大力提倡，这对自己的成长有特殊意义。

青少年的成长过程是自我意识发展的过程，是个人与社会互动的过程，必定伴随着酸甜苦辣，而这些都需要自己去一一品味。因此，日记成了最知心而忠实的朋友。可以说，日记是我们反思成长的最佳伴侣。

最后，有效利用互联网。计算机和互联网有如此大的作用和影响，那么怎样健康有效地利用互联网呢？

8—11 岁年龄段。这个年龄段，往往已经拥有较多的互联网络使用经验。为了完成学校作业，需要查阅网上百科全书、下载有关数据和图片。有时候也开始交网上笔友，与远方的亲戚、网络朋友通信。这个阶段也是青少年渴望独立、形成价值观念的关键时期。但是对于不良文化、误导信息和有害信息等还缺乏必要的甄别能力，因此需要从父母那里得到指导。例如，建立明确的使用规则；没有父母的允许，不在网上订购产品或发出有关自己及家庭的任何信息；如果发现不寻常的信息，要马上告诉父母；与父母讨论网上匿名等网络文化现象；控制上网的时间，放一个闹钟在身旁。

12—14 岁年龄段。这个年龄段处于上网相当活跃的时期，学会了搜索大批感兴趣的信息资源，例如浏览大学图书馆、网上杂志和报纸等，可以通过各种方式向权威人士提问，参与互动小组，与其他人分享经验和兴趣。这个阶段要注意的问题是：要明确网络法律及规则以及上网的时间限制；尽可能和父母一起上网；设计一个上网计划，并请求父母从旁监督；下载电子游戏时，要避免暴力、色情类不健康的。

15—18 岁年龄段。在这个阶段，已经学会利用网络世界提供的无限资源解决现实问题，如发现工作机会、选择大学、学习外语等课程，发现新的有用的网址和结交新的朋友。这时可以试着帮助家里解决一些问题，在网上找到解决问题的方法，如查询网上购物信息、确定旅游路线等；还可以帮助身边更小的孩子和其他不熟悉计算机和网络的同学使用计算机和互联网络。

三、事例

战胜残疾的巴雷尼——坚持

巴雷尼小时候因病成了残疾，母亲的心就像刀绞一样，但她还是强忍住自己的悲痛。她想，孩子现在最需要的是鼓励和帮助，而不是妈妈的眼泪。母亲来到巴雷尼的病床前，拉着他的手说："孩子，妈妈相信你是个有志气的人，希望你能用自己的双腿，在人生的道路上勇敢地走下去！好巴雷尼，你能够答应妈妈吗？"

母亲的话，像铁锤一样撞击着巴雷尼的心扉，他"哇"地一声，扑到母亲怀里大哭起来。

从那以后，妈妈只要一有空，就给巴雷尼练习走路，做体操，常常累得满头大汗。有一次妈妈得了重感冒，她想，做母亲的不仅要言传，还要身教。尽管发着高烧，她还是下床按计划帮助巴雷尼练习走路。黄豆般的汗水从妈妈脸上淌下来，她用干毛巾擦擦，咬紧牙，硬是帮巴雷尼完成了当天的锻炼计划。

体育锻炼弥补了由于残疾给巴雷尼带来的不便。母亲的榜样作用，更是深深教育了巴雷尼，他终于经受住了命运给他的严酷打击。他刻苦学习，学习成绩一直在班上名列前茅。最后，以优异的成绩考进了维也纳大学医学院。大学毕业后，巴雷尼以全部精力，致力于耳科神经学的研究。最后，终于登上了诺贝尔生理学和医学奖的领奖台。

第六节　终身学习的意义

终身学习能使我们克服工作中的困难，解决工作中的新问题；能满足我们生存和发展的需要；能使我们得到更大的发展空间，更好地实现自身价值；能充实我们的精神生活，不断提高生活品质。

学习是人类认识自然和社会、不断完善和发展自我的必由之路。无论一个人、一个团体，还是一个民族、一个社会，只有不断学习，才能获得新知，增长才干，跟上时代。十六大报告强调：要"形成全民学习、终身学习的学习型社会，促进人的全面发展。"这就从深度和广度上对学习提出了新的更高的要求。

"知识就是力量"，知识才是财富。我们从小就开始接受教育，学校教育使我们获得的知识无疑会让我们终身受益，但不能完全适应现代化的教育需要。人在大学获得的知识只占一生所需知识的很少部分，很多知识要在学校后教育中获得。我们不能固守原有的那点知识而企望它管用一生。当今世界，科技突飞猛进、信息与日俱增，社会各个领域的科学知识不断由单一走向多元，不断向更深更广的层面发展。中国加入 WTO 以来，外语、经济、法律、电脑信息技术等专业日益火爆，要求学习和更新专业知识的人越来越多。

　　江泽民主席说过："当今时代，是要求人们必须终身学习的时代。学习一切反映当代世界发展的新知识，学习做好工作所必须的一切知识，知识挑战的严峻程度有目共睹，每门学科都是学无止境。专业知识更新周期越来越短，旧知识淘汰很快，我们随时面临知识危机。"

　　21世纪是"知识爆炸"的时代，知识老化加速，职工更替频繁，社会变化急剧，任何人都不可能一劳永逸地拥有足够的知识，而需要终身学习。学习是人类生存和发展的重要手段，终身学习是自身发展和适应职业的必由之路。"活到老，学到老"是新世纪应有的终身学习观。

一、终身学习对学生自身的意义

　　时代在变，人也在变，教师必须认清终身教育和终身学习对自身成长和发展的重要性，自觉地树立终身教育、终身学习的观点，不断地提高自身的素质，以适应现代的教育需要。对教师而言，终身教育、终身学习有以下现实意义。

　　1. 终身教育使教师从自然成长状态变为自觉提高过程。

　　2. 提高政治思想素质

　　大多数的教师政治立场坚定，高风亮节终身不变，但也有少数人在风云变幻的社会环境中迷失方向，腐败堕落，甚至误人子弟。"教书者先强己，育人者先律己"，教师要终身加强政治思想修养、加强现代教育理论、国家教育政策、法规和文件的学习；坚定共产主义信念、坚持社会主义方向、坚持正确的教育观、人才观和价值观；"学为人师，身为世范"，引导学生树立各种正确观念，教育学生学会求知、学会做人、学会创造，培养学生成为"全面建设小康社会"的新型人才。

3. 更新专业知识

专业知识更新周期越来越短，旧知识淘汰很快，我们随时面临知识危机。新世纪教师要用发展的眼光看待学习，崇尚学习我们不会落伍。迎接知识挑战，不懂就学，没有就补，学习是当代教师补充更新专业知识的最好途径。

4. 提高教育能力

过去，传统教学强调教师的知识垄断和经验权威，强调单向式、灌注式智育，把学生当作接受知识的机器，把分数当学生的根。这种传统的教育观念和教育方法根深蒂固，与现代提倡的以人为本的素质教育观念矛盾对立，已成为教育发展的阻力。旧的教育模式轻视人的全面发展要素，忽略师生共同参与教学的探究和批判精神，严重压抑学生自主性和创造性发展，必须改革。中国教育改革正逐步实现从应试教育走向素质教育，由传统教育发展为创新教育的转轨过程。

学习是人类生存和发展的重要手段，终身教育和终身学习是当代教师自身发展和适应职业的必由之路。"严谨笃学，与时俱进，活到老，学到老"是新世纪教师应有的终身学习观。

二、终身学习对教师的意义

十六大报告中明确提出要建设"学习型"社会，号召广大人民树立终身学习的思想。作为为人师表的人民教师，更应坚持终身学习，不断提高自身能力水准。具体来看，终身学习有着重要现实意义：1. 提高学历水平，拓展知识领域，改革开放以来，伴随我国经济的飞速发展，教育事业取得了令人瞩目的成就，基础教育师资水平也有大幅度提高，小学教师学历要求达到中师毕业以上，初中大专以上，高中本科以上。发达地区对学历要求更高，小学教师必须持有大专文凭，初中教师要本科毕业，高中教师要进修研究生课程。学历合格又称职的教师，包括优秀教师，面对知识更新如此之快的今天，也必须有一个不断提高和精益求精的终身学习过程。2. 更新专业知识，紧跟时代进行步伐。人在大学获得的知识只占一生所需知识的很少部分，很多知识要在毕业后的工作、学习中获得。我们不能固守原有的那点知识而企望它管用一生。当今世界，科技突飞猛进，信息与日俱增，社会各个领域的科学知识不断由单一走向多元，不断向更深更广的层面发展。

三、事例

司马光圆木警枕

司马光是我国北宋时代的大学问家。他小时候和哥哥弟弟们一起学习，自己觉得记忆力比较差，便想办法克服这个弱点。每当教师讲完书，哥哥弟弟们读上一会儿，勉强背得出来，便一个接一个丢开书本，跑到院子里玩。只有他不肯走，轻轻地关上门窗，集中注意力高声朗读，读了一遍又一遍，直到读得滚瓜烂熟，合上书，能够流畅地，不错一字地背诵，才肯休息。

司马光从小到老，一直坚持不懈地学习，做官之后反而更加刻苦。他住的地方，除了图书和卧具，再没有其他珍贵的摆设。卧具很简单：一架木板床，一条粗布被子，一个圆木枕头。为什么要用圆木枕头呢？说来很有意思，当读书太困倦的时候，一睡就是一大觉。圆木枕头放到硬梆梆的木板床上，极容易滚动。只要稍微动一下，它就滚走了。头跌在木板床上，"咚"的一声，他惊醒了就会立刻爬起来读书。司马光给这个圆木枕头起了个名字叫："警枕。"

第二章　如何树立终身学习观

第一节　学会认知

一、自我认知

（一）定义

自我认知（self – cognition）是对自己的洞察和理解，包括自我观察和自我评价。自我观察是指对自己的感知、思维和意向等方面的觉察；自我评价是指对自己的想法、期望、行为及人格特征的判断与评估，这是自我调节的重要条件。

如果一个人不能正确的认识自我，看不到自我的优点，觉得处处不如别人，就会产生自卑，丧失信心，做事畏缩不前……相反，如果一个人过高地估计自己，也会骄傲自大、盲目乐观，导致工作的失误。因此，恰当地认识自我，实事求是地评价自己，是自我调节和人格完善的重要前提。

（二）原理

个体对自我的觉察，或者说意识的形成来源于个体对外界环境刺激经由记忆和思想的反应。因此，在形成记忆之前的个体是不会有自我意识的。记忆是一切思想的基础，自我认识是个人在思想之上的对于环境的反应。当一个人的记忆和思想达到一定程度过后，比如出现了完全来自大脑的思维和想象力，个体的自我意识会更加强烈。这个我存在，我占有，我需要，我想的思想不断地经过思维和想象力加强个体对自我的认知，直到个体有机生命体的结束。故自我认知从大脑的记忆力开始起直到记忆力的消失，都是一个不断发展的过程。

个体对于自我的存在，行为和心理的认知会有一个发展过程。刚开始是比较模糊的，所以小孩子会让经常出于好奇心而做一些危险的行为和事情。这个时候他们的自我意识是比较朦胧的。在经过不断地试错和加深记忆以及思考学习后，对于自我肌体的存在就渐渐成熟。随后才会对自己的行为有意识，会区分那些危险和安全的行为，然后决定是否要做。最后才是对于自我心理的认知。一般来说，这需要一个人的思维和想象力达到一定程度后才会具备这种察觉自我心理变化的能力。个体开始区分个人肌体行为和心理行为的差异是自我心理认知的开始。

（三）作用

自我认知的心理认知是一种比较高级的认知能力。对于教育程度低，或者智力程度比较低的人，也许终身也不具备这种自我的认知。而对于有些人，则能够超越这种心理认知。心理认知一般来说是一个无限的过程，因为心理活动本身是无限的，它会跟着个人经历和记忆以及思想和想象力不断地发展。因此凡是出现和前一阶段或者时期不同的心理活动后，个体对自我的心理将会有一个总结和重新的调整。

（四）相关

自我认识的超越状态在于个体认识到自己整个思维和记忆的状况，并能够将自己的心理活动进行控制，而达到一种忘我的境地或者说无我的境地。这个状态中，这个自我已经认识到我是谁，我和我的思想，记忆的关系。于是这个自我很可能被抛弃或者摆放到一个特定的位置或空间，可以全观自己的心理状态和整个自我的运作并有控制能力，而不是整个的自我或者我都处于这个思想和记忆之中。从觉察到自我，了解自我的性质和运作方式，到抛弃自我或达到无我，是一个超越的过程。也许这是自我认知的最后终结，而生命体的死亡只是自我认知的停止或中断。

（五）用例

如果一个人不能正确的认识自我，看不到自我的不足，觉得处处不如别人，就会产生自卑，丧失信心，做事畏缩不前……相反，如果一个人过高地估计自己，也会骄傲自大、盲目乐观，导致工作的失误。因此，恰当地认识自我，实事求是地评价自己，是自我调节和人格完善的重要前提。

（六）心理学中的自我认知

在心理学中关于自我认知有许多的解释和理论，包括有弗洛伊德、埃里克森、皮亚杰等。1939 年哈特曼发表："自我心理学与适应问题"标志着自我心理学的成立。

二、自我意识

自我意识是对自己身心活动的觉察，即自己对自己的认识，具体包括认识自己的生理状况（如身高、体重、体态等）、心理特征（如兴趣、能力、气质、性格等）以及自己与他人的关系（如自己与周围人们相处的关系，自己在集体中的位置与作用等）。

意识对于意识活动本身的认识。广义指人对自己的属性、状态、行为、意识活动的认识和体验，以及对自身的情感意志活动和行为进行调节、控制的过程。在近代西方哲学界，一些哲学家赋予这一术语以更多不同的涵义。在康德哲学中自我意识即先验的统觉的同义语，指主体意识对于经验材料的综合统一功能；在黑格尔的哲学体系中，则被视为人类精神在主观精神发展阶段上介乎于意识之后，理性之先的特定的意识形式。

自我意识是一个人对自己的认识和评价，包括对自己心理倾向、个性心理特征和心理过程的认识与评价。正是由于人具有自我意识，才能使人对自己的思想和行为进行自我控制和调节，使自己形成完整的个性。

自我意识是人对自己身心状态及对自己同客观世界的关系的意识。自我意识包括三个层次：对自己及其状态的认识；对自己肢体活动状态的认识；对自己思维、情感、意志等心理活动的认识。自我意识不仅是人脑对主体自身的意识与反映，而且人的发展离不开周围环境，特别是人与人之间关系的制约和影响，所以自我意识也反映人与周围现实之间的关系。自我意识是人类特有的反映形式，是人的心理区别于动物心理的一大特征。

自我意识在个体发展中有十分重要的作用。首先，自我意识是认识外界客观事物的条件。一个人如果还不知道自己，也无法把自己与周围相区别时，他就不可能认识外界客观事物。其次，自我意识是人的自觉性、自控力的前提，对自我教育有推动作用。人只有意识到自己是谁，应该做什么的时候，才会自觉自律地去行动。一个人意识到自己的长处和不足，就有助于他发扬优点，克服缺点，取得自我教育积极的效果。再次，自我意识是改造自身主观因素的途径，它使人能不断地自我监督、自我修养、自我完善。可见，自我意识影响着人的道德判断和个性的形成，尤其对个性倾向性的形成更为重要。

自我意识主要包括三种心理成分：

（1）自我认识。

自我认识是主观自我对客观自我的认识与评价，自我认识是自己对自己身心特征的认识，自我评价是在这个基础上对自己作出的某种判断。正确的自我评价，对个人的心理生活及其行为表现有较大影响。如果个体对自身的估计与社会上其它人对自己客观评价距离过于悬殊，就会使个体与周围人们之间的关系失去平衡，产生矛盾，长期以来，将会形成稳定的心理特征自满或自卑，将不利于个人心理上的健康成长。自我认识在自我意识系统中具有基础地位，属于自我意识中"知"的范畴，其内容广泛，涉及到自身的方方面面。对我们进行自我认识训练，重点放在三个方面：第一，让我们学生能认识到自己的身体特征和生理状况。第二，认识到自己在集体和社会中的地位及作用。第三，认识到内心的心理活动及其特征。自我评价是自我意识发展的主要成份和主要标志，是在认识自己的行为和活动的基础上产生的，是通过社会比较而实现的。由于我们自我评价能力不高，往往不是过高就是过低，大多属于过高型。因此，要提高我们的自我评价能力，你就应学会与同伴进行比较，通过比较做出评价。你还应学会借助别人的评价来评价自己，学会用一分为二的观点评价自己。由于自我评价是自我认识中的核心成份，它直接制约着自我体验和自我调控，所以，对我们进行自我意识训练，核心应放在自我评价能力的提高上。

（2）自我体验。

自我体验是主体对自身的认识而引发的内心情感体验，是主观的我对客观的我所持有的一种态度，如自信、自卑、自尊、自满、内疚、羞耻等都是自我体验。自我体验往往与自我认知、自我评价有关，也和自己对社会的规范、价值标准的认识有关，良好的自我体验有助于自我监控的发展。对我们进行自我体验训练，就是让你有自尊感、自信感和自豪感，不自卑，不自傲，不自满，随着年龄增长让我们懂得做错事感到内疚，做坏事感到羞耻。

（3）自我监控。

自我监控是自己对自身行为与思想言语的控制，具体表现为两个方面：一是发动作用，二是制止作用，也就是支配某一行为，抑制与该行为无关或有碍于该行为进行的行为。进行自我认知、自我体验的训练目的是进行自我监控，调节自己的行为，使行为符合群体规范，符合社会道德要求，通过自我监控调节自己的认识活动，提高学习效率。为提高我们自我监控能力，重点应放在促使一个转变上，即由外控制向内控制转变。我们自我约束能力较低，常常在外界压力和要求下被动地从事实践活动，比如只有教师要求做完作业后检查，你才会进行检查。针对这种现象，你应学会如何借助于外部压力，发展自我监控能力。

三、他人认知

人与人的交往，交往对象不是无生命的静物，而是具有复杂情感的高级动物，故社会交往是一种互动过程。认识不动结构包括认识主体（A）、认识素质、认识客体（B）和社会环境四部分。社会环境对认识主体和客体起制约作用，主体、客体形成一定的社会环境有反作用。

社会交往中，主体和客体在认识互动中凭借认识素质（或称心理素质）来认识对方，由于彼此的先行经验、心理活动不同，他们的认识素质也不同。一般说来，主体和客体，他们各自的内心世界与外部行为是统一的。实际交往中，人常具有双重人格，内心和外表不一定一致，因此增加了认识难度和认识的丰富多彩性。

认识过程可包括感知和认知，感知是对人外部特征与行为的知觉，属印象范畴；认知是对人内心世界心理活动的理解，属理性范畴。认知可包括感知，它是在感性基础上的进一步的认识活动，依据自身的认识素质，在社会环境作用下，不断对信息进行选择、反馈、加工和处理。感知具有随机性、随弃性，萍水相逢、一面之交便可以产生感知，信息没有价值时，被感知的客体随之被放弃而不作为目标。认知具有目的性，只有当认知者觉得被感知的客体有进一步了解的价值时，才有可能进一步去了解。认知是主动地、有组织地去知觉，感知带有知觉的被动性、非组织性。人在社会交往中，总是根据自身交往的需要来选择对客体感知还是认知。

（一）对人心理活动的整体认知

1. 对人感情的认知

感情包括情感和情绪。故一是对人表情的认知，包括面部表情、身段表情和语调表情。这是直接获得交往信息的方法，虽然人具有双重性格，一般情况下，人心理活动总是通过他的外部行为表现出来，内心和外表是统一的。如一个人眉飞色舞、喜笑颜开，一定是心逢喜事精神爽；一个人垂头丧气、萎靡不振，一定是遇到了不顺心的事。可以说，喜怒哀乐是人内心世界的晴雨表。二是对人情绪的认知。对人的情绪认知包括对心境、激情和应激三种心理行为的认知。通常主要是对人心境进行认知。如日常交往中，出色的领导要关心同事与部下，亲密的伙伴要互相关心，慈爱的家长要关心自己的孩子。

人的心境是一种比较久的、微弱的、影响人的整个心理活动的情绪状态，当人的心境处于一种不顺心、不愉快，或者沮丧、悲伤、疑惑等状态时，尤其需要他人的关心与帮助，温暖人心的话犹如雪中送炭。农村孩子因家境贫寒不得不辍学时，总书记与省长送来关怀，孩子怎能不感恩戴德；战士父母重病而经济拮据，班排连长悄悄寄去自己的津贴，战士怎能不安心献身国防？孩子高考落榜、万念俱灰，父母几句开导安慰鼓励的话，就能使人振作精神。人的双重性格并非无法认识，如强装笑脸、故作愁容、笑里藏刀、虚情假意等可隐藏一时，难以掩盖永久、滴水不漏，往往在激情状态下，即狂喜、暴怒、强悲、极愤、急躁等短促爆发式情感支配下表露出来。

2. 对人能力的认知

能力指人适应社会的本领或本事。人的能力有多种内容，如思维能力、学习能力、工作能力、组织能力、生活能力、交际能力、创造能力、应变能力等等。司马迁《史记·货殖列传》说："能者辐凑，不肖者瓦解"。所谓能者，指不仅自己有能力，而且可以使用别人的能力，辐凑指三十辐条共一车轴，能者像车轴，使人心汇聚车轴。一般说来，生活中一个能够吸引或团结人的人，就是有能力的人，如领导吸引群众，作家吸引读者，歌唱家艺术家吸引观众，科学家吸引同行等等。能力有高下之分、宽窄之分，最佳的能力或"能者"，能够发挥自己的能力，吸收和借鉴别人的能力，组织和借用别人的能力，调动一切积极因素，用集体的智慧丰富自己的智慧。

3. 对个人倾向的认识

包括对人需要、动机、兴趣、理想、信念与世界观的认知。社会交往中需要对个人倾向作出积极认知的内容是很多的，未必能兼顾到各个方面，大多只是其中的一部分。如自我实现或社会化使人产生交往欲望，交往是有一定动机的，这种动机是真诚的、友善的？还是虚假的、权宜的？是来求助的？还是来交流的？彼此交往要有共同的兴趣，所谓趣味相投就是说没有共同爱好就无法深入交往，如集邮迷、戏迷就易谈在一起。兴趣也要作出判断与认知，如是短期兴趣还是长期兴趣？是真兴趣还是假兴趣？是专业兴趣还是业余兴趣等？人的理想、信念与世界观代表了一个人的精神寄托和事业追求。理想、信念与世界观不同的人，也可以在一定条件下互相交往、互相理解，如社会主义制度下的中国人可以和资本主义制度下的西方人友好往来，无神论者可以和宗教人士友好往来，双方在价值观的矛盾中求同存异，寻找人类日常交往的和谐。在社会主义国家内部，如果人的理想、信念与世界观不同，工作、学习、生活上会反映出一定的态度不同，所以交往离不开判断和认知，有些可以求同存异，但有些必须符合我国的国情，必须去异求同。

4. 对个性特征的认知

个性特征包括气质、性格和能力等。其中能力包含智力，智力一定程度上反映人的认识能力。能力也影响人的气质和性格，有能力的人常充满自信心，气质安静，性格理智，办事有条不紊，举重若轻。人的性格代表了人对社会的态度，并以习惯化了的行为方式表现出来。人的性格有好坏之分，作为管理者或交友都要注意认识人的性格。

德裔英国心理学家艾森克曾提出人格二维模型，有助我们在实际交往中认知人的性格。他把人的性格分为内向——外向、稳定——不稳定两个维度，进一步分为4个小区：稳定内向型（粘液质）、稳定外向型（多血质），不稳定内向型（抑郁质）、不稳定外向型（胆汁质）。艾森克认为，每个人的性格特征都可以从内向——外向、稳定——不稳定两个维度、四个象限加以描述，并可用来分析变态性格。内向指在环境刺激下，自制性比较强的稳定和好静的倾向；外向指在环境刺激下，自制性较弱的易冲动和冒险的倾向。如稳定内向型具有镇静、情绪平和、可信赖、有节制等特质，不稳定内向型具有敏感、不安、攻击、兴奋、多变、冲突等特质。

（二）对人认知的作用

认知是社会交往中自我能动性的表现，认知的目的在于自我实现，个体社会化。人通过能动地认知，主要有九个方面的作用：

知人非相。《荀子》中有一篇叫《非相》，意思说交往中不要以貌取人，晕轮作用会使判断出错误。《非相》说：舜和周公旦都是矮个子，孔子相貌凶神恶煞，舜时掌刑法的皋陶面色青绿，商汤宰相伊尹脸上没有胡须和眉毛，大禹是瘸腿，商汤是跛足，但他们的人品很高；夏桀和商纣长相英俊魁梧，但他们都是残害天下的暴君。因此，荀子认为，观看一个人在容貌体态，不如研究他的思想，研究他的思想，不如看他选择的思想方法。人的品德高下与高矮、胖瘦、容貌体态无关。所以，"形（体态）相（容貌）虽恶而心术善，无害为君子也；形相虽善而心术恶，无害为小人也。"

知人善交。社会交往，可使人在生活群体中选择朋友，互相帮助，互相学习。《论语·述而》云："三人行，必有我师焉。择其善者而从之，其不善者而改之。"选择的朋友不同，对自己的影响就不同。《墨子·所染》云："染于苍则苍，染于黄则黄，所入者变，其色亦变"，认为"非独国有染也，士亦有染"。《荀子·劝学》云："白沙在涅，与之俱黑。""君子居，必择乡；游，必就士，所以防邪僻而近中正也。"晋傅玄《太子少傅箴》发挥说："近朱者赤，近墨者黑，声和则响清，形正则影直。"诸葛亮《前出师表》认为，交往中与不同的人保持不同的亲疏关系，会有不同的结果，"亲贤臣，远小人，此先汉所以兴隆也；亲小人，远贤臣，此后汉所以倾颓也。"

知人善教。社会交往中，自我实现最基本的内容之一就是传授经验和知识，要因人施教，循循善诱。如老师对于学生，上级对于下级、长辈对于晚辈，朋友对于朋友，都会有言传身教作用。孔子提出"有教无类"；孟子把"得天下英才而教育之"作为人生第三大乐趣，还说知人善教有五种方法："君子之所以教者五：有如时雨化之者；有成德者；有达财（才）者；有答问者；有私淑艾者。此五者，君子之所以教也。"（《孟子·尽心上》）译成白话是：君子教育人的方法有 5 种：有像及时雨那样灌溉的；有成全其品德的；有培训才能的；有解答疑难问题的；有才学影响使后人自学获益的。

知人善任。通过了解人，合理的安置人，量才使用。《尚书·皋陶谟》说："知人则哲，能官人。"意思是说能了解别的人，才是聪明睿智的人，才能用人得当。樊迟曾问孔子什么叫"智"，孔子答曰："知人"，即"举直错（放置）诸枉（弯曲），能使枉者直。"（《论语·颜渊》）还说："举直错诸枉，则民服；举枉错诸直，则民不服。"（《为政》）

知人善举。就是通过认知，把德才兼备的人推荐出来。季氏的总管仲弓问怎样治理政事，孔子回答说："先有司，赦小过，举贤才。"（《论语·子路》）即给手下各部门管事的人带头，对他们的小过错不加追究，选拔德才兼备的人。西汉韩婴记载子贡与孔子的一段对话，孔子认为"荐贤贤于贤"，并说："知贤，知（智）也；推贤，仁也；引贤，义也"。能发现贤才，是聪明才智；能推荐贤才，是大仁；能引导贤才，是大义，能够发现和推举贤才者，常喻之为善识千里马的伯乐。宋代黄庭坚诗云："世上岂无千里马，人间难得九方皋。"知人善举是人类的美德，但并不是常人都可做到。白居易在常乐里（今西安交大学生区）居住时，曾写了一篇《养竹记》。他说：竹子被人赋予树德、正直、虚心、立志等品性。竹子混杂草木之中，要靠人爱惜赏识它，发现人才也同此理。故"竹不能自异，唯人异之；贤不能自贤，唯用贤者异之"。

知人善谏。知道别人的不足，要善于批评指出。我国古代曾实行谏官制度，专门批评朝廷得失。唐太宗和魏征的故事是大家熟知的。宋代，刘安世也是著名的谏官，号称"殿上虎"，"知无不言，言无不尽"，每次批评皇帝，雷霆震怒，"少霁复前，或至四、五（次）"。刘安世一度曾担心连累老母，其母深明大义说："谏官为天下净臣，汝父欲为之而弗得，汝当舍身报主，勿以母老为虑。"日常交往中，搞好人际关系，不等于一团和气、抹稀泥，对于缺点和错误，及时提出善意的批评和建议，这是对朋友同事的爱护和关心，可以避免因小误大，铸成大错，酿成大祸。

知人善去。组织管理人事，要把无能的人、品行不正的人及有严重过失者从领导岗位上撤下来，不搞异地做官升迁；承担一般工作，发现心术不正，歪门邪道之人，要善于疏远之。《韩非子·外储说左下》提出任人应有术，赏罚分明、爱憎分明，"信赏以尽能，必罚以禁邪"。又说："以罪受诛，人不怨上。"认为应该禁止的使其得利，应该得利的却加以禁止，像这样，即使神通广大，禁令也不能实行，应该惩罚的却加以赞美，应该奖赏的却加以诋毁，即使尧那样的贤君也不能治好国家（"利所禁，禁所利，虽神不行；誉所罪，毁所赏，虽尧不治。"）。

知人善学。我国古代认为通过知人，可以向别人学习。一是把品德高尚的人作为自己学习的榜样，二是凡是别人的长处，自己都应吸取，成为自己的品行。孔子说："见贤思齐焉，见不贤而内自省也。"《孟子·公孙丑上》说："大舜有大焉，善与人同，舍己从人，乐取于人以为善……取诸人以为善，是与人为善也。"意思说：舜有大德，善于取人的优点，放弃自己的成见而接受别人的意见，能够愉快地吸取别人的长处而行善……能够吸收他人之长而行善，这就是赞许别人共同行善。

知人善助。助人为乐，先人后己，舍己为人等品质，从来是我国传统文化所崇尚的美德，也是中华民族的优良传统。孔子说："君子成人之美，不成人之恶，小人反是。"（《颜渊》）认为"博施于民而能济众"者是圣人，又说"夫仁者，己欲立而立人，己欲达而达人。能近取譬，可谓仁之方也己。"（《雍也》）就是说有仁德的人，自己要想站得住，同时也要让别人站得住。自己要通达，同时也要让别人通达。凡事都要以身为例想到别人，这就是实行仁德的方法。《荀子·修身》则说。"劳苦之事则争先，饶乐之事则能让。"又说："行乎冥冥施乎无报"，暗中做好事而无需报答。《礼记·杂记》也说："君子贵人而贱己，先人而后己，则民作让。"

（三）我国古代对人认知的理论

我国古代在社会交往中，总结了许多认知方法。孔子说："始吾于人也，听其言而信其行；今吾于人也，听其言而观其行。"（《公冶长》）他又说："视其所以，观其所由，察其所安，人焉瘦哉？"即考察他的行为，观察他所从由的道路，察看他以什么为安，那么这个人怎么能隐藏呢？

孟子认为，知人应观察对方的眼睛，他说："存乎人者，莫良于眸子。眸子不能掩其恶。胸中正，则眸子瞭（光明）焉；胸中不正，则眸子眊（蒙胧）焉。听其言也，观其眸子，人焉瘦哉？"（《孟于

·离娄上》）他还认为，根据人的言辞可以判断人的品性为人，"诐辞知其所蔽，淫辞知其所陷，邪辞知其所离，遁辞知其穷"。即偏颇的言辞能剖析它的表面性，放荡的言辞能剖析它的沉溺性，邪辟的言辞能剖析它的狡辩性，躲闪的言辞能剖析它的理屈性。

《吕氏春秋》专门有一篇叫《论人》，介绍如何识别人"情伪、贪鄙、美恶"的方法。指出认知一个人，"外则用八观六验"，"内则用六戚四隐"。

"八观"是根据人所处的地位来认知，内容是：

"通则观其所礼"，即显贵之时看其所行的宾礼。用之于今就是说，有地位时看是否脱离群众、蛮横无礼、趾高气扬。

"贵则观其所进"，即任要职之时看其推荐的是什么人。用之于今就是说，作为部门领导是用人唯贤还是用人唯亲。

"富则观其所养"，即富裕之时看其所养的门客宾客，用之于今就是说，作为大款先富，要看他用财结交什么人，是吃喝嫖赌，还是为大众服务。

"听则观其所行"，即听他所言之后要看他如何去做。用之于今就是说．不仅要说的好听，而且要言行一致，不能光打雷，不下雨。

"止则观其所好"，即无事之时看其追求崇尚什么。用之于今就是说，通过物质和精神的追求．可以看是追求享受还是贡献，是低级趣味还是助人为乐。

"习则观其所言"，即作为帝王的近习（亲信）看其所进之言。用之于今就是作为领导身边的工作人员，要看他是出好主意还是坏主意。

"穷则观其所不受"，即穷困之时看其不受非分之财用之于今就是说，作为普通公务人员，看其是安贫乐道、清政廉洁还是索贿受贿。

"贱则观其所不为"，即贫贱之时看其不为非义之事，用之于今就是说，尽管地位低下，决不做有损国格人格之事，堂堂正正，掷地有声。

"六验"是依据人的情感来认知人，内容是："喜之以验其守"，即使之喜悦，看其是否不变操守；"乐之以验其僻"，即使之高兴，看其是否邪僻不正；"怒之以验其节"．即使之发怒．看其是否能自我约束；"惧之以验其特（持）"，即使之恐惧，看其是否不失持守；"哀之以验其人"。即使之悲哀，看其是否不变其人，能否节哀自制；"苦之以验其志"，即使其处于艰苦环境，看其是否有大志。

"六戚"指"父、母、兄、弟、妻、子，"他们代表了人的家庭关系。考察六戚，就是看能否处好家庭成员之间的关系，家庭没有伦理道德，不讲和睦，就难以处好社会关系。

"四隐"指"交友、故旧、邑里、门郭"，他们代表了个人的社会联系，是狐朋狗友还是良朋益友、高朋诤友？通过社会交往、居住环境，考察"人以群分"，可以分析交往趣味情操。

四、社会认知

（一）社会认知的内涵

社会认知的过程既是根据认知者的过去经验及对有关线索的分析而进行的，又必须通过认知者的思维活动（包括某种程度上的信息加工、推理、分类和归纳）来进行。社会认知是个体行为的基础，个体的社会行为是社会认知过程中作出各种裁决的结果。

社会认知是个人对他人的心理状态、行为动机和意志作出推测和判断的过程。主要是指对他人表情的认知，对他人性格的认知，对人与人关系的认知，对人的行为原因的认知。社会认知是个人对他人的心理状态、行为动机、意向等作出推测与判断的过程。社会认知的过程既是根据认知者的过去经验及对有关线索的分析而进行的，又必须通过认知者的思维活动（包括某种程度上的信息加工、推理、分类和归纳）来进行。社会认知是个体行为的基础，个体的社会行为是社会认知过程中作出各种裁决的结果。

（二）社会认知的基本对象

社会认知对象的范围很广，包括对他人表情的认知、对他人性格的认知、对人与人之间关系的认知。

1. 对他人表情的认知

人是一种富有表情的社会人，人的表情是反映其身心状态的一种客观指标。在社会生活中，人们往往根据他人的表情来判断其心理，判断的正确程度取决于认知者对他人表情的认知与解释。人的表情以面部表情为最重要，此外身体的动作与姿态、说话的语调等也是属于人们表情范围之内的种种形式。

2. 对他人性格的认知

对他人性格的真正认识，必须通过长期的观察才有可能。但对他人性格的某些方面，在较短时期内也是可以认识到的。了解一个人的过去生活道路，甚至是了解一个人在家里兄弟姐妹中的排行，都会有助于了解其性格特征。对性格认知的研究，因其缺乏科学的、客观的标准而相当困难。

3. 对人际关系的认知

对人际关系的认知包括两层意思：一为对自己与他人关系的认知；二为对他人与他人之间的认知。在社会生活中，个体往往根据他人经常表达的意见、表露的态度和情绪，来推测人与人彼此之间的关系。它使得对人际关系认知有一个明显特点，就是认知者的情感成份参与其中。对人际关系的认知是否正确十分重要，它直接影响到能否协调彼此之间的关系。

（三）社会认知的特征

社会认知的特征主要表现为：

1. 认知的选择性

人们是根据刺激物的社会意义的性质及其价值大小，而有选择地进行社会认知的。

2. 认知反应的显著性

这主要是指在一定的社会刺激下，个人心理状态、情感、动机所发生的某些变化，这种变化随着个人对社会刺激的意义所理解的程度而转移。

3. 认知行为的自我控制

这是自我意识发挥作用的结果，它使个人的认知体验不被他人所觉察，从而使个体与外界环境保持平衡。

（四）社会认知的方式

认知方式，也称认知风格，是指人们在认知活动中所偏爱的信息加工方式。它是一种比较稳定的心理特征，个体之间存在很大的差异。认知方式有场依赖型和场独立型、冲动型和沉思型、具体型和抽象型三类。

1. 场依赖型

场依赖型的学生，对客观事物的判断常以外部的线索为依据，他们的态度和自我认知易受周围环境或背景（尤其易受权威人士）的影响，往往不易独立地对事物做出判断，而是人云亦云，从他人处获得标准。行为常以社会为定向，社会敏感性强，爱好社交活动。因此，他们这类学生适合于那些强调"社会敏感性"的教学方法。

2. 场独立型

场独立型的学生，对客观事物的判断常以自己的内部线索（经验、价值观）为依据，他们不易受周围因素的影响和干扰，倾向于对事物的独立判断。行为常是非社会定向的，社会敏感性差，不善于社交，关心抽象的概念和理论，喜欢独处。因此，他们不适合于那些"社会敏感性"的教学方法，更喜欢自己独立思考，独立学习。

3. 冲动型

冲动型的学生在解决认知任务时，总是急于给出问题的答案，他们不习惯对解决问题的各种可能性进行全面思考，有时问题还未搞清楚就开始解答。这种类型的学生认知问题的速度虽然很快，但错误率高。冲动型学生在运用低层次事实性信息的问题解决中占优势。

4. 沉思型

沉思型学生在解决认知任务时，总是谨慎、全面地检查各种假设，在确认没有问题的情况下才会给出答案。这种类型的学生，认知问题的速度虽然慢，但错误率很低。沉思型学生在解决高层次问题中占有优势。

5. 具体型

具体型学生在进行信息加工时，善于比较深入地分析某一具体观点或情境，但必须向他们提供尽可能多的有关信息，否则很容易造成他们对问题的偏见。研究表明，这类学生在结构化教学方法（如演绎法和讲解法）之下，成绩会更好。

6. 抽象型

抽象型学生在对事物进行认知时，能够看到某个问题或论点的众多方面，可以避免刻板印象（对人与事物认知的先入为主性），能够容忍情境的模糊性。

（五）社会认知的认知阶段

社会认知主要包括社会知觉、社会印象和社会判断等三个不同加工水平的认知阶段。

社会知觉是对社会对象的直接反映，是社会印象和社会判断的基础。社会知觉容易被复杂纷纭的表面现象所迷惑，产生社会错觉；

社会印象则是在社会知觉素材的基础上，经过一定的加工概括而在记忆中保持下来的主观印象，是人对社会对象的一种间接反映，如"第一印象"、"晕轮效应"和"刻板印象"等都是这样社会印象；

社会判断是社会认知的高级阶段，是对某种社会对象的定性或定论的过程。

（六）社会认知对健康的影响

社会认知的许多方面涉及到我们的日常生活，其中最重要的一个领域就是它对人类健康和幸福的影响，心理学研究发现这样的影响体现在以下几个方面：

1. 社会认知与寂寞

在社会认知过程中，如果人们只注意生活中的消极方面，那么他就可能体验到更大的寂寞。安德森等人（Anderson1994）就指出，与那些抑郁的人一样，长期寂寞的人也经常陷入贬低自己的消极作用圈，他们经常用消极的态度看待自己的压抑，经常责备自己没有良好的社会关系，把事物看成是自己无法控制等等。同时，琼斯等人（1981）还发现，寂寞感较强的人常常用消极的眼光看待他人，比如他们会把自己的室友看成是难以共处的。

2. 社会认知与焦虑

焦虑是我们生活中不可避免的事情，比如当你去一个公司接受面试、见一位重要的人物、或者是别人在评价你的时候，人们都可能会感受到焦虑。心理学家布茹姆等人（Broome&Wegner1994）就研究了我们所感受到焦虑的情境，发现人们对情境的认知与控制可以使人避免焦虑，津巴度（PhilipZimbardo1981）等人的研究也证明了这一点。在这项研究中，津巴度让害羞和不害羞的两组女大学生在实验室中与一个英俊的男士谈话。谈话开始前先把这些女学生集中在一间小屋子里，给她们呈现很大的噪声。之后告诉其中一部分害羞的女生噪音会造成她们心跳加快，并说这是焦虑的症状。结果发现，这部分女生由于把自己在与男士交谈时的心跳加快归于噪音，而不是自己害羞或者缺乏社会技能，所以她们不再叫焦虑，谈话也很流畅。

3. 社会认知与生理疾病

随着工业化进程的发展，心理学家发现人类的行为和认知对自身的健康有着重要的影响。行为医学和健康心理学就是在这种思路的影响下发展起来的。在健康心理学家看来，我们对自己情绪与紧张的认知与疾病产生有着紧密的联系。心理学家在研究社会认知对健康的影响的时候指出，乐观的生活态度以及面对疾病时的乐观解释是人们身体健康的主要条件之一。比如赛利格曼（Seligman1987）、皮特森（Peterson1988）就提供了这方面的证据。他们研究了哈佛大学 1946 年的一次面谈纪录和这些人在 1980 年的健康状况，发现那些乐观的人在身体状况方面远远好于那些悲观的人。

五、事例

　　傍晚，一只羊独自在山坡上玩。突然从树木中蹿出一只狼来，要吃羊，羊跳起来，拼命用角抵抗，并大声向朋友们求救。牛在树丛中向这个地方望了一眼，发现是狼，跑走了；马低头一看，发现是狼，一溜烟跑了；驴停下脚步，发现是狼，悄悄溜下山坡；猪经过这里，发现是狼，冲下山坡；兔子一听，更是一箭一般离去。山下的狗听见羊的呼喊，急忙奔上坡来，从草丛中闪出，一下咬住了狼的脖子，狼疼得直叫唤，趁狗换气时，怆惶逃走了。回到家，朋友都来了，牛说：你怎么不告诉我？我的角可以剜出狼的肠子。马说：你怎么不告诉我？我的蹄子能踢碎狼的脑袋。驴说：你怎么不告诉我？我一声吼叫，吓破狼的胆。猪说：你怎么不告诉我？我用嘴一拱，就让它摔下山去。兔子说：你怎么不告诉我？我跑得快，可以传信呀。在这闹嚷嚷的一群中，唯独没有狗。真正的友谊，不是花言巧语，而是关键时候拉你的那只手。那些整日围在你身边，让你有些许小欢喜的朋友，不一定是真正的朋友。而那些看似远离，实际上时刻关注着你的人，在你快乐的时候，不去奉承你；你在你需要的时候，默默为你付出、关心你的人，那才是真正的朋友！

第二节　学会做事

一、对学会做事的理解

　　学会做事形象的表述是做事要有条理性。简单的比喻，把壶里的水倒进杯中，不能洒得哪儿都是，这就是条理性。条理性需要训练，没有人天生就会。

你走向社会，条理性的问题日趋复杂，几乎处处设障。为什么西方人总是强调实践的重要性，让学生在校期间不断地实践；实际上这是条理性的早期锻炼，好处多多。我见过很多自以为是的刚刚步入社会的人，趾高气扬，以为手中的文凭是一把万能钥匙，想打开哪把锁就打开哪把锁。

其实，社会的构造有时还真像一把锁，但不是随便一把钥匙就可以打开的，开锁的前提是，钥匙齿的凸凹必须与锁孔内的凸凹反向，填平了弹子才能开启。现实问题一定是锁的设计在前，而钥匙的设计在后，你不调整自己，就甭想打开这把锁。

所以，大部分刚刚走向社会的莘莘学子都遇上同样的问题，不太适应。聪明者会调整自己，愚蠢者一定怨天尤人。千万不要以为知识掌握的多寡与做事的成败有必然联系，如果知识在使用时不对口，还不如没知识容易成功。

学会做事，首先要多思考。做事之前好好想想，再加上一个认真的态度，事情就容易成功。砌一块砖容易，盖一座大厦难，难就难在条理性的实施上。弄懂这个道理，会事半功倍。

学会做事跟学会说话一样，都是要学乃至要学会，不同的一个是说一个是做，一个是动口一个是动手。也有人说，做事除了婴儿不会，少年在学，凡成年人哪个不会？只不过敲锣卖糖各做一行，性格相异做事的原则及方法也就跟着相异罢了。同样非也，不但同样非也，学会做事跟学会说话学问大得多且也复杂得多，会说不一定会做，而会做大都会说。构建和谐社会学会说话是基础，学会做事也是基础，能够说话不一定就会说话，同样，能够做事不一定就是会做事。有的人会说且能做，但他阁下就是不做，这也属不会做事。按老百姓的话说，这就叫天桥的把式光说不练。

学会做事是指用一种善始善终的态度认真地对待和处理各种事务，坚持不懈并力求完善。很多同学可能会对"学会做事"嗤之以鼻，认为我们天天在做事，怎么不会做事，还需要去学吗？其实这是一种完全错误的态度，能做事并不等于能做好事。我们做事，注重的只是其中某些"有意思"的环节，而不太注意那些需要默默无闻的工作环节，这绝不是真正意义上的做事。

学会做事必须从三个方面做起：从小事做起，用心做事，用诚信做事。

第一，从小事做起。东汉陈蕃的"一屋不扫，何以扫天下"的典故众所周知，其意思为：连自己所属的本分都做不好或没有做，何来能力去治理天下呢？这则典故的意义告诫我们，凡事要从一点一滴做起，从一点一滴中可以看出一个人的品质和品德，从一点一滴中可以体现出一个人的整体素质和涵养，从一点一滴中还可以看到我们未来生活的模样。所以我们在做每一件事时，即便是再微小也要认真脚踏实地的去对待和处理。在一件小事上能做到合情合理尽善尽美，那么在做大事的时候这种为人处事的优点方会被体现。所以说凡事从小起从现在起就要养成一个良好的习惯，让这种良好始终贯穿我们的整个生命，让这种良好成为我们的一种生活方式。即使是在扫地的时候也要认真的去扫好每一个角落，就好比是走好我们人生的第一步。古往今来，因小事做好而取得成功的事例屡见不鲜。美国著名汽车公司——福特公司，其创始人福特就是因为在当初应聘之时，弯腰捡起门口的一张纸而获得了原本不属于他的机会，进而发展成为全球著名公司。福特成功的精髓就是从小事做起，不放过任何一个细节。

我们都想一想，我们是否做到随手捡起地上的纸屑，随手关上水龙头，随手关门、关灯，见到老师问个好，回到家里为爸爸妈妈做家务……如果我们连这些小事都不愿意做，都不屑做，都做不好，那么，我们将来又怎么能做好大事呢？

第二，用心做事。如果说从小事做起，表现的是一种态度问题，那么用心做事所反映的则是一种智慧。这里的智慧包括诚心、耐心、毅力等众多品质。有这样一则故事，一个小和尚担任撞钟一职，每天都能按时撞钟，但半年下来主持却很不满意，就调他到后院劈柴挑水，说他不能胜任撞钟一职。小和尚很不服气地问："我撞的钟难道不准时、不响亮？"老主持耐心地告诉他："你撞的钟虽然很准时、也很响亮，但钟声空泛、疲软，没有感召力。钟声是要唤醒沉迷的众生，而我却没有听到这样的声音。"小和尚撞钟，只不过是"做一天和尚撞一天钟"而已，并没有用"心"去撞。米开朗基罗之所以被称为人类历史上杰出的艺术大师，是因为他无论雕刻还是绘画，总是花许多时间在那里沉思、推敲、琢磨，力求作品的完美。在"用心做事"思想的支配下，大至我们的奥运才能精彩绝伦，我们的"神八"才能问天。当代雷锋——李素丽曾说："认真做事可以把事情做对，用心做事可以把事情做好。"我想，我们只有用心做事，才能放飞心中的理想。天下大事必做于细，天下难事必做于易。人生中的很多事情只要考虑周全，用心去做，就会变得很美好，人生也就会到处充满快乐。

第三，诚信做事。诚信教育重在实践，重在体验。唯有诚信之人，才能做出诚信之事；唯有诚信之人，才能追求科学，探索真理。在诚信做事方面，我们也看到一些阴暗面，如有的学生考试作弊，捡到东西占为己有，撒谎欺骗学生老师家长，当面一套背后一套，故意损坏公物，偷盗他人财物，包庇坏人坏事等，他们做事没有原则，践踏诚信。同学们要学会辨别，做事勿以善小而不为，勿以恶小而为之，诚信做事，实事求是。如果我们连这点诚信都做不到，都做不好，那么，我们将来又怎么能诚信地做好大事呢？

同学们，让我们胸怀大志，学会做事，从身边的点滴小事做起，用心做事，诚信做事，做一个对社会有贡献的成功人士。

二、如何做事

（一）从小事做起

从小事做起是一种良好的习惯，它督促孩子不浪费一点一滴的时间，懂得一寸光阴一寸金；让他们学会不浪费粮食，懂得粒粒皆辛苦。从小事做起是一种正确的心态，它要求孩子不好高骛远，懂得千里之行，始于足下；让他们明白成功得来不易，需要长时间的坚持不懈；让他们遇到挫折不气馁，因为只要每天进步一点点，就一定能获得成功。从小事做起是一种优秀的品格，它鼓励孩子细致入微地关心别人；激励他们讲求诚信，做到一言九鼎、一诺千金。

（二）赏识别人的优点，包容他人的不足

古人说得好："尺有所短，寸有所长""金无足赤，人无完人"。每个人都有优点和不足，世上有能人，但绝对没有完人。每个人独立的个性差异决定了人与人之间的矛盾不可避免。要解决这些矛盾，就必须具备宽容。宽容的前提是什么？是赏识！只有会赏识的人才有宽容的品质，也只有具有赏识之心的人才称得上是宽容的人。

我们知道，人性中最本质的的需求就是渴望得到赏识，人都是为了得到别人的赏识而活不会是为了挑剔而活吧，我相信，百分之百的人从内心都是愿意和赏识自己的人一起工作、一起生活，而不

愿意和整天挑鼻子挑眼，对这不满意那不顺眼的人一起。人，或多或少都有这样或那样的不足，因此，要做到宽容，就要学会用"电脑窗口"功能，看他人优点时最好使用"最大化"，看缺点时和不关要紧的事最好使用"最小化"。

（三）正视自己，善待"弱者"

认识自己、正视自己不容易，要善待"弱者"更不容易。我们都是凡夫俗子，不可能是完人，不可能没有错误，当我们发现自己错误的时候，不要过分的忧心忡忡，要及时诚恳主动道歉，让对方感觉你的诚心。当别人有了过错的时候，我们要善待对方，不要满脸的阶级斗争、得理不让人，什么都要讨个公道，什么都争高低和强弱，要从别人的角度考虑问题，不要把自己的思维方式强加于人。当然，宽容有度，宽容不是纵容，我们对一些事也要讲理，但即使要讲理，也要晓之以理，注意别人的自尊和承受度，要让人体会到你对他的尊重，特别不能搞"株连"、"算总帐"，否则你会导致自己的心里错位，也会使矛盾扩大化。善待别人，其实就是善待自己，我们何乐而不为？

（四）学会淡忘，用感恩的心情对待生活

或许你曾经饱含着成功后遭人嫉妒的苦涩，或许有人因处事不公亏待过你，或许有人方式不当让你受尽了委屈，或许有人因势利伤害了你……对于这些，你大可不必耿耿于怀，怂怂不平，既不要将自己想当然的一些东西强加于无关的人，更不要想到要以牙还牙，采取什么办法变本加厉"回敬"对方、中伤对方。

最好的办法是不别把这些让你不快乐的事放在心上，如果你始终跟自己过不去而处于一种烦恼心态，无疑只会在自己心里种下刻

薄的阴影，最后形成一种恶性循环。我们必须要学会忘记，乐观地把它作为生活的积累，学会感恩，感谢生活给你磨练自己的机会，要用自己的人格魅力去感化对方，因此，忘记有时也是对自己最好的爱护。

（五）提高素养，开拓视野

人与人之间的封闭、孤独而不善交往，就会让人心胸狭窄，宽容也就无从谈起了。因此，要尽可能地创造条件，广交朋友，多见世面，不要把自己固定在自己固有的小天地里。同时还要不断的加强学习，提高自己的素养，激发生活的热情，让生活充满阳光，让心灵充满阳光。充满阳光的人生不正是我们所要追求的么？

三、家长怎样培养孩子做好事的习惯

1. 父母做干净的镜子

不知大家是否还记得有这样一则公益广告：第一个镜头，是一位年轻的妈妈给年迈的婆婆端来洗脚水，为婆婆洗脚。跳过镜头，则是一个可爱的小男孩，端着一盆水，很费力、却很开心地朝自己年轻的妈妈走去。然后是从幕后传来的话外音：中华美德，代代相传。广告中的妈妈用自己的实际行动告诉孩子了：该怎样对待父母，该如何尊敬老人；孩子也就立即从妈妈的行动中，学到了孝敬父母的良好品德。"好雨知时节，当春乃发生。随风潜入夜，润物细无声"，家庭教育的好坏，就如这春雨一般，都是"润物细无声"的。

所以作为家长，我们在平时的生活中就应该特别注意自己的一言一行，用自身良好的行为去引导孩子，就能更多体会到这种"此时无声胜有声"的效果了。

"父母是孩子的镜子"，"孩子是父母的影子"。因为孩子总在"照镜子"，那父母该拿些什么教育孩子呢？应该是较高的文化水平、道德水准、良好的思想品质等等，那些积极向上、健康美好的东西吧。否则，"镜子"上的那些污垢，也会让孩子在将来的人生道路上够受的！

用你的言传身教擦亮那一面面立在孩子眼前的"镜子"吧，不要让它们蒙上污垢！

2. 让孩子为自己的事情负责

有些家庭里，每天早晨叫孩子起床、上学要经过一场"混战"。为此，许多年轻妈妈问："早上孩子不肯起床怎么办？

首先要让孩子明白，上学是他自己的事，妈妈爸爸没有义务替他"包办"一切。学生就应该按时起床、准时上学，根本不能迟到。遇上刮风或雨雪天气，要提早一些起床，早一点出家门，坐不上车，走也要走到学校，按时上课，这就是学生的责任。这份责任，父母有必要在孩子上学的第一天就让他们明白。孩子刚刚入学，你可以送他一件礼物：一个可爱的、会叫的小闹钟，并告诉他："以后你要跟小闹钟交朋友。每天早晨它一叫你，你就一定要起床，再困也得起来。妈妈爸爸不再叫你，上学迟到的话，由你自己负责。"这样坚持三五天，孩子的生物钟调整过来了，到时小闹钟一响，他会自己起床的。

说实在话，我们替孩子做得愈多，照顾得愈周到，孩子们就愈是不会料理自己的事情。今天这些依赖性很强的儿童，注定会成为明日无能的父母！

第四届全国"十佳少先队员"黄思路，是个品学兼优、全面发展的女孩子。她从小学钢琴、学英语，后来又学舞蹈、表演、电脑、游泳……在这些方面，她的表现都相当不错。

有人问思路的妈妈："你是用什么办法培养出一个这么多才多艺的孩子的"

她说："好多人认为，我一定在教育孩子上面倾注了大量心血。可他们哪里知道，我却是一个完全不符合他们教子标准的'坏'妈妈——多年来，我夜以继日地工作，经常是孩子天黑回到家还吃不上饭，我甚至不知道她穿几号的鞋子，搞不清她哪一天要参加期末考试。她爸爸每天在办公室要工作到深夜，节假日也不例外。所以，除了3岁时让她开始学的钢琴课外，她在课外参加的各种学习与活动，大都是由她自己决定、自己报名、自己完成的。我们家长所起的作用，也仅仅是表示支持而已。就是我们不赞成，一般也很尊重她的意见。

思路的妈妈继续说道："思路很小的时候，由于我们工作太忙，便把她寄养在外婆家里。为了不给外婆添太多的麻烦，我们早早地开始训练她的独立生活能力。她从3岁时就能够自己穿衣吃饭。4岁时，学着自己洗头，好几次，我看到她差点碰翻脸盆，真想过去帮她洗。但又想，她今后需要这些生活的具体本领，迟学不如早学，终于没有'代劳'，她很快学会了自己洗头。不久，又学会梳辫子。10年过去了，她现在已经能做很多事情了，有些事情做得比我还要好呢！

"由于养成了独立行事的习惯，思路遇事都比较有主见，责任意识也很强。这种独立自觉性，为她后来的文化课学习带来很多好处。平时我们虽然很少过问她的功课，但她一直能自觉地完成作业、复习备考，学习成绩也很令我们满意。"

思路妈妈对思路的培养、教育的方法，是很值得我们每位年轻妈妈借鉴的。在这里，有一点要强调的是，无论孩子为家中或自己做了什么事，都不能付给孩子任何报酬。要是付报酬，不仅使孩子失去了自尊，也掺杂了些收买的意味。

培养责任感的另一个办法：在家里要给予孩子参与劳动的机会和岗位。据一份调查材料介绍，中国城市的孩子每天劳动的时间平均不足 0.2 小时，是世界儿童中参加劳动最少的一群。"饭来张口，衣来伸手"这句被大家所熟悉的老话，在我们的孩子身上体现得最为明显。

"地是种出来的，事是干出来的。什么时候不劳动也不行。"这是一位农民的父亲教育子女的话。"不劳动者不得食"，我们应该让孩子体验到，如果我们把孩子培养成"不劳而获"的人，那将来大家都会没有饭吃。让孩子在家里有固定的工作，如洗碗、扫地、拖地板、擦玻璃、取牛奶、拿报纸等天天都要做的事情，分几件给孩子干，并且负责到底，有利于帮助他们了解生活、了解父母。孩子上学的路，不让他自己走，他就总是依赖家长，遇到什么事，首先想到的是家长的责任，要家长来解决。比如，孩子在上学时经常忘记带一些书本或学习用品，他们总埋怨家长忘记将这些东西放进他们书包里，却没有想到这是他们自己的事情；早上起晚了，也是埋怨家长没有及时叫他们起床；或者一旦父母被事情耽搁不能接送了，便常常不知如何处理路上的一些突发事件，等等。

剑桥大学有史以来最年轻的中国博士生张弛父母谈家教经验时说他们经常通过一些小事情的处理告诉张弛自己的事情要自己做。这是一个人综合能力的一部分。小学四年级的时候，如果得了感冒之类的小病，爸妈带他去医院，挂号、找医生、划价、交费取药全是自己做，父母在后面跟着。父母说这样做，一是尊重他，另一方面，这也是这个年龄的孩子该做的，也提高了孩子应付突发事件的能力。张弛到艾克塞斯大学留学时，签证耽误两个月，按规定只能读预科，但张弛坚持读本科，学校决定临时对他考试，结果这个中国孩子让英国教授不可思议的是，原本设计为两个小时的试卷，刚下飞机还未倒过时差的张弛只用了 20 分钟就完成了，并获得了满分 100 分，就这样通过他自己的争取，获得了直接读本科的机会，而这些都是张弛初到异国，对一切完全陌生的情况下做到的。如果是别的孩子也许就没有了主意，给家里人打个长途电话问怎么办。家里不了解情况，也许就同意先读预科了。张明山也认为这与他们从小对张弛的有意识培养是不可分的。(选自《成功家教启示录》)

3. 做事有计划

做事有计划对于一个人来说，不仅是一种做事的习惯，更重要的是反映了他的做事态度，是能否取得成就的重要因素。对于孩子来说，做事有计划同样是非常重要的。

许多孩子都有早晨起床找不到袜子、学习用品或者生活用品的现象，这便是做事缺乏计划性和条理性的坏习惯。做事情缺乏条理、没有计划是儿童时期的一种自然反应，但是，如果父母不注意引导，孩子们往往会养成不良的习惯，从而给一生带来麻烦。

那么，怎样培养孩子做事有计划的好习惯呢？

建议一：让孩子做事有条理。

在日常生活中，不管做什么，父母都要让孩子做得有条有理。例如，房间摆设井井有序，用过的东西放回原处，以免需要的时候却找不到；晚上睡觉之前，整理好书包、准备好第二天要穿的衣服等。这些都可以帮助孩子养成做事有条理的好习惯。

有一位爸爸是这样教孩子有条理地做事的：

这位爸爸是一位收藏爱好者，他发现自己的女儿做事非常没有条理，常常是乱放东西，用的时候又拼命地找。为了使女儿养成做事有条理的好习惯，这位爸爸就想出了一个好办法。有一天，爸爸对女儿说："一个人如果爱好收藏，他就会感到很快乐。"女儿有些怀疑地看着爸爸，说："是吗？那应该收藏一些什么呢？"爸爸说："什么都可以，比如你喜欢画画，那就可以收藏各种美术作品。"女儿说："那很容易，我会收集好多好多画片的。"谁知，爸爸却说："'收'容易，'藏'就不容易了。"女儿有些纳闷了："怎么不容易？"爸爸说："'藏'就是会分门别类，就是要学会条理化。"孩子渐渐养成收藏的好习惯。

建议二：在日常生活中，父母做事一定要有条理、有计划。比如，家里要整理得井井有条，东西不要乱放，看完的书要放回原处，衣柜里的衣服要分类摆放等，这些细小的行为都可以影响孩子养成做事有条理的好习惯。当然，让孩子养成做事有条理的习惯不是一朝一夕的事，需要家长的耐心和恒心，还要善于抓住教育的契机进行适时引导。

建议三：引导孩子向做事有条理的人学习。

许多孩子做事没有条理，当父母跟他强调需要有条理地做事时，他往往无法接受父母的意见。事实上，孩子需要身边的榜样来引导。

建议四：教孩子做计划。

要让孩子做事有计划，父母可以向孩子示范自己的计划。即把自己的计划告诉孩子，并且征求孩子的意见，让孩子帮着计划。比如，在周末的清晨，可以这样对孩子说："今天我们的计划是吃完早饭后，我们到公园去看花展，然后回来吃午饭，午饭后你小睡一会，一点钟我们去少年宫学画画，三点我带你去海洋馆，回来后，你要写一篇一天的见闻，你觉得这样安排好不好？"

这种示范不仅可以帮助孩子理解计划的重要性，而且，他能够学着去安排自己的事情。

当计划制定了以后，孩子必须按计划办事，不能半途而废。对幼儿园的孩子来讲，父母应该要求他们在玩的时候自己把玩具拿出来，玩完以后自己收好；对小学生来说，就要要求他们看书做作业的时候要认真，写完以后才能去玩；对于中学生来说，应该要求做事有责任心，自己把握做事的进度。

一位小学生做事非常磨蹭，本来没有多少作业，却非要拖到很晚，熬得妈妈又气又急。有一次，妈妈想了一个办法。她跟儿子约定，做作业的时间只有半小时。然后，妈妈把闹钟上好，同时，儿子开始做作业。半小时一到，闹钟就响起来，儿子还差两道题目没做完。儿子向妈妈投来求助的眼神，但是，妈妈毫不犹豫地说："时间到了，你不要做了，睡觉吧。"

第二天，妈妈把儿子没做完作业的原因告诉了老师，老师也支持妈妈的方法。这天晚上，妈妈又上好了闹钟，儿子一开始做作业就很抓紧时间，效率明显提高，居然顺利地在半小时内做完了作业。

从这以后，儿子做作业的速度和质量都提高了。而且，做其他事情的时候，他都会有意识地给自己设定一个时限，有计划地去做了。

另一位爸爸也用相似的方法使儿子改掉了做事丢三落四的坏习惯。

这位爸爸是这样说的：

"一次，我发现儿子又忘戴红领巾了，为了让孩子尝尝丢三落四的后果，养成良好的习惯，这次，我没有给他送红领巾。儿子放学回来沮丧地说，因为他没戴红领巾，他们班被扣了 1 分，同学们都责怪他。于是，我趁热打铁说：'以后你一定要把该带的东西整理好！'儿子若有所悟地点点头。从这以后，儿子做完作业总是认真地收拾书包，嘴里还念念有词：'钢笔、尺子、语文书、默写本、文具盒、红领巾……'做事有条理多了。"

四、事例

有个老人在河边钓鱼，一个小孩走过去看他钓鱼，老人技巧纯熟，所以没多久就钓上了满篓的鱼，老人见小孩很可爱，要把整篓的鱼送给他，小孩摇摇头，老人惊异的问道：你为何不要？小孩回答：我想要你手中的钓竿。老人问：你要钓竿做什么？小孩说：这篓鱼没多久就吃完了，要是我有钓竿，我就可以自己钓，一辈子也吃不完。

我想你一定会说：好聪明的小孩。错了，他如果只要钓竿，那他一条鱼也吃不到。因为，他不懂钓鱼的技巧，光有鱼竿是没用的，因为钓鱼重要的不在"钓竿"，而在"钓技"。

有太多人认为自己拥有了人生道上的钓竿，再也无惧于路上的风雨，如此，难免会跌倒于泥泞地上。就如小孩看老人，以为只要有钓竿就有吃不完的鱼。其实，重要的是要学会钓技，学会做事。

第三节　学会共同生活

知识经济是开放性、全球化、国际化的经济，知识的创造、生产与消费活动把世界各国各地区的经济发展、社会生活紧密地联系在一起，形成一种以知识、信息的传递和处理为核心的网络，这使得人与人之间的关系的距离缩短，相互依赖性彼此增强。同时，现代科学技术的发展又呈现出不断综合化、整体化的趋势，人文与自然科学相互交叉融合，每一项知识、技术领域的研究探索都涉及到相关领域很多人的密切协作。这样，个人的力量就显得有些微不足道。因此，知识经济更强调人与人的合作，讲求团队精神，顾全大局发展。这就要求基础教育从一开始就要注重培养学生学会与他人共处的能力，教育学生在处理好人际关系，用理智与和平的方式处理那些不可避免的矛盾和冲突，能对自己的所作所为敢于承担责任和风险。

一、学会共同生活：内涵及其必要性

（一）"共同生活"的基本内涵

自人类诞生以来，为应对种种威胁，人们必须形成族群共同生活。但直到当代，随着全球化进程的不断推进，"地球村"的逐渐形成，尤其是当人们发现全世界范围内不同文化、宗教和种族之间的对抗与冲突并未随着冷战的结束而消失时，学会共同生活才逐渐得到人们的重视。

首先，共同生活不仅意味着人与人之间的合作，还不可避免地包含了竞争。合作与竞争相互交织，人们必须学会迎接共同生活中的这一矛盾关系。从人类社会发展趋势来看，竞争已经成为各类社会生活、尤其是经济活动的特点，但人类社会必须在竞争的同时，为实现"更好地生存与发展"这一共同目标而避免、化解或超越矛盾，开展合作，共同发展。其次，共同生活不是某一时刻或一段时间内的共处，而是长期，持久的共处。随着个人的或人类生活的发展，共同生活的内容、方式都会出现变化，需要保持对生活本身的敏感性。学会共同生活对于个体、对于人类社会，都具有长时段性。第三，共同生活不仅发生在某一组织内部，还发生在组织与组织之间。这里的"组织"可以小到家庭，也可以大到国家。因此共同生活包含了不同年龄、性别、民族、种族、国家的人，跨家庭、跨单位、跨城市甚至跨国家地进行交流与合作。第四，共同生活不是一群人同时做一件事情，更不是聚集在一个场所中做各自的事情，而是为了实现一个共同的目标而凝聚在一起。在这个过程中可能会有分工、有协作，有群体的交流与分享，也有个体的思考与判断，最终在实现共同目标的同时也实现每个个体的价值。最后，共同生活的内涵是发展着的，其内容还有待人们在参与共同生活的过程中不断挖掘、开拓和深化。

对于个体来说，学会共同生活要求能够主动地参与到各种社会生活中去，充分理解人类的多样性、相似性与相互依存性，直面共同生活中我与你、竞争与合作、可能与现实等诸多矛盾关系，并在这一过程中通过理解、宽容、尊重、沟通、协商来调整自己与他人的关系，最终实现富有个体意义和人类文明意义的共同生活。

（二）"学会共同生活"的必要性

1. 现实生活的呼唤

在当代，国与国之间由利益而引发的矛盾冲突，乃至于种族冲突、种族偏见等而引发的战争依然存在，日益进步的科学技术从某种意义上说也在增加冲突的危险。一方面是势不可挡的全球化，另一方面是人们高涨的自主性与独立性，现代社会同一性与多样性的矛盾成为突出矛盾，人类的统一性和文明的发展遇到新的挑战。要解决这些矛盾，求得和平与发展，必然要求当代人"学会共同生活"。

我国当前的社会生活中，人与人之间的冲突，乃至于同伴相残、群殴、弑师等恶性事件不断增多。现代交流工具的发达、虚拟交往空间的拓展在提高速度、缩短物理空间的同时，也造成了不确定性，人们变得敏感、缺乏信任，人与人之间的交往停留于表面，缺乏深层次的心灵沟通，孤独、寂寞、交往恐惧症成为现代人的新病，"宅男"、"宅女"等新鲜词语也因此而诞生。一定意义上说，当代社会的生活内容日益多元化的同时，也带来了个人生活意义的迷失、生活内涵的降低，人们需要重新学会共同生活。

上海作为国际都市，以开放的姿态接纳着各种不同的生活内容与形态，多元开放成为这座城市的基本特征。这带来了新的挑战，同时带来了新质产生的可能。在这一背景下，拓展国际视野，增强国际理解，学会理解不同文化、习俗，尊重并接受多元差异，共创城市美好生活，成为新时期上海城市发展对市民提出的新要求。

2. 人性完善的需要

学会共同生活内蕴着滋养人性发育、培养健全人格的可能。

首先，共同生活使人成为人，任何个人的发展都受制于和他共同生活的人的发展。是共同生活使人建立起与世界的关系，形成生活的基本形态和内容，也使个体的思想、意识、行为得以形成；而且，只有在人的共同生活中，才能使"狭隘地域性的个人为世界历史性的、真正普遍的个人所代替"。在学校生活中，无论是教师还是学生，是其与他人的共事、与他人共处的时空和共同浸润于其中的生活，使其成为当下的独特个体。

其次，共同生活使人克服其局限性，使其潜在力量转化为现实力量。就每一个体来说，其力量是分散的、甚至是微不足道的，但这些力量一旦在共同生活中汇聚，就会变得强大，变为使人逐步成长为生活的主体，成为创造生活、推动生活变革的核心力量。在学校生活中，我们同样能够感受到：当学生群体自主介入到生活实践的更新与创造中时，那一巨大的创生之力是令人敬畏的！

再次，共同生活促进人的全面发展。人的思想、意识、能力等素养可以在共同生活中形成；人的"他人意识"乃至于"他人立场"会在共同生活中生成；人对生活的敏感、理解，人对生活的策划、创造能力，能够在共同生活的过程中得到发展；人的多重社会角色，也将在共同生活中建立和完善。在一定意义上可以说，共同生活滋养着人的成长，全面发展着的人有赖于高品质的共同生活的支持。

3. 中国文化的传承与创新

中华传统文化，特别是儒学，重视人的生命存在与价值，追求人自身、人与自然、人与人之间的和谐。《中庸》中说："喜怒哀乐之未发，谓之中；发而皆中节，谓之和。中也者，天下之大本也；和也者，天下之达道也。致中和，天地位焉，万物育焉。"意思是用"中和"之道，建立人类共同的生活信念，以实现人类社会与天地万物的整体和谐。

费孝通先生在解剖中国传统社会与现代社会的区别时，曾提出"差序格局"的概念。"差序格局"描述了亲疏远近的人际格局，由自己延伸开去，一圈一圈，按离自己距离的远近来划分亲疏。它形象而深刻地反映了中国传统文化背景下人际关系网络的特点。而这种人际关系网络已无法适应时代发展的需要，与此相应的传统社会也在向现代公民社会转型。在这个过程中，学会共同生活具有十分重要的意义，它使得人们改变以往对人与人之间关系的认识，重新审视"我"与"你"的关系。

此外，中国文化一直是靠血缘来维系其稳定的庞大结构的。随着独生子女的普遍化，也带来了个人中心主义和传统家庭生活方式的消亡，他们缺少了兄弟姐妹间的交流、分歧、合作的心理磨炼，人与人之间的交往空间也变得越来越窄。从这一意义上说，关注中国当代青少年的成长尤需关注"学会共同生活"这一主题。

二、学会共同生活：教育意识的觉醒

（一）学会共同生活作为教育的目标——应然的状态

《教育：财富蕴藏其中》所提出的"学会共同生活"应成为终身教育的四大支柱之一的理念，得到了广泛的认可。这一思想逐渐渗透到各国教育改革中，成为学校教育关注的目标之一。例如，我国于 2001 年颁布的《基础教育课程改革纲要》就提出要培养学生主动参与、交流与合作的能力等，这些能力恰是共同生活所必需的。

作为学校的教育目标，从宏观角度理解，它要求不同民族、种族、文化、国家、阶层之间相互理解，相互尊重，在合作中寻求发展。从微观角度来理解，则要求处于同一生活时空的人能够和谐共处，相互沟通，共同面对成长与发展的问题，共同参与生活。

首先，要培养学生共同生活的意识与能力。教育要让学生意识到与他人共处、共同生活的重要性，并且培养与他人共处所需的能力。一个能与他人共处的人必须要了解自己，合理地评价自己，并且具有良好的心理素质，能够进行自我调适，有较强的适应能力。一个善于与他人共处的人既要对自己负责，也要对他人负责，对整个组织负责。一个善于与他人共处的人必须具备良好的交往能力，善于倾听，善于表达，承认并尊重差异。

其次，要利用共同生活滋养学生向善、求美的精神。共同生活中充满了矛盾冲突，要缓解、避免、超越冲突与矛盾，就需要个体学会宽容与理解，学会培育内心深处的"善"。共同生活本身也需要个体不断创造和发展，需要个体具有对美的渴望与理解，需要个体具有对生命的珍视、敬畏与关怀。教育应该帮助学生在共同生活中充实与提升自己的精神世界。

再次，通过学会共同生活创造出学生可以享受、富有发展性的生活本身。共同生活不同于以往以自我为中心的、单主体、封闭式的生活，而是在多主体的参与创造中不断发展、完善的生活。在这种生活中，人与人之间的关系是和谐共生的，而非紧张对抗的，这种生活是富有建设性的，而非破坏性的。教育应该在引导学生学会共同生活的过程中学会创造生活。

（二）学会共同生活作为学校生活内容——实然的状态

从意识的觉醒转换到对现实学校教育的认识，就应该重新考察学校中"共同生活"的现实状态。

在当今的学校生活中，我们经常可以看到这样的场景：学生"自觉"地服从学校，教师的安排，他们几乎不会也无需主动去思考策划自己的生活。为了能够在考试中打败对手取得好的名次，学生不愿分享彼此的参考资料，不愿共同探讨学习中的疑难问题。在紧张的学校氛围中，一个无意的眼神、一个无意的举动都有可能刺激学生敏感的心灵而引发一场莫名其妙的冲突，在课堂上所谓的小组讨论中，许多学生眼睛里透出的是茫然，不知所措，因为他们找不到小组所需实现的共同目标。在班级生活中，个别"老干部"主导着班级生活，班主任的个人意志较多地刚性介入学生生活之中，富有凝聚力和生活气息的班级生活尚未真正形成。主题班会中，学生更多处于表演、配合者的地位，难以真正参与到这一生活之中。

仅以学生共同生活中最基本的同伴关系为例，我们曾经对我国不同地区六所高中的学生进行调查，结果显示有近30%的高中生表示与同学关系一般，尽管没有矛盾，但缺少深入交流，而且这一数据随着年级的升高而升高：在令高中生感到最失望的事件中，"交不到知心朋友"高居第二位。另一项对上海市六所高中和四所大学的高三与大一学生进行的调查显示：60.9%的高中生对大学里的人际交往充满期待，但有54.39%的大学生对自己的人际关系感到失望，39.51%的大学生认为自己在人际交往方面存在困难。从这些数据中我们发现，随着学生年龄的增长，交往的需求不断扩大，并且这一需求逐渐从数量的扩大转向质量的提升，然而却因外界环境、自身能力素养的限制而无法得到满足。

由此可见，学会共同生活作为学校教育目标，它的应然与实然状态之间依然存在着较大的差距。这一差距的形成一方面受到传统学校生活形态以及社会大背景下日益激烈的竞争的影响，另一方面在很大程度上是因为学校教育工作者并没有将"让学生学会共同生活"的教育意识转化为教育行动，缺少有效帮助学生学会共同生活的教育智慧。不少教师将学会共同生活简单的等同于学会交往，又将交往能力的培养简单地归为课外活动领域的培养目标，由此，学校中广阔的共同生活空间未能得到有效的开发；课堂教学、班级建设中的大量资源得不到充分利用；学生生活中的大量冲突被简单处理而缺少教育价值的挖掘与利用，不同群体学生的相处缺乏相应的指导……这些本应成为让学生学会共同生活的教育资源，非但没有得到充分的开发，反而成为制约学生共同生活意识与能力发展的因素。

三、学校：学习共同生活的重要场所

学校因其与社会的特殊关系而成为让学生学习共同生活的共同场所，为学生学会共同生活提供了诸多可能性。

（一）提供广阔的空间

学会共同生活要求人们能够在不同的场景下与不同的人和谐共处，为实现共同的目标而努力，并在这个过程中实现自我发展。这就要求学生要学会与不同年龄、不同性格、不同家庭背景、不同价值取向的人相处，而学校教育恰恰提供了这样的可能空间。各级各类学校的学生来源都是非常广泛的，学生需要与来自不同家庭、不同地区甚至不同国家之间的同学交往，共同参与学校生活。其中最常见的交往发生在班级这一空间内，除此之外，还有班级之间、年级之间、社团之间、乃至学校与社区之间等生活空间。

学校教育不仅为学生提供了学会共同生活的物理空间，也提供了心理和精神空间。学校生活中的各种活动，如课堂教学，社团活动等都需要学生与教师的共同参与，可以说，学校生活是学生与教师的共同生活。因此，学生通过学校生活逐渐从心理上接受、认可并适应共同生活，并逐渐将其内化为自己的生活方式，这有利于学生步入社会后主动参与共同生活。

（二）提供活动载体

《教育：财富蕴藏其中》在论述教育如何帮助学生学会共同生活时提出了两点建议：一是发现他人，二是为实现共同目标而努力。正规学校应在其计划中留出足够的时间和机会向青年人传授这类合作项目。这其中已经提到学会共同生活需要合作项目作为载体，而学校教育恰恰存在提供这类载体的可能性。

当前的学校生活中存在着大量的"活动"。根据其组织形式、具体内容、时间等方面的不同，至少可以分为以下几类：第一，日常的课堂学习活动；第二，课后的学习、娱乐活动；第三，各类学校仪式以及节庆活动；第四，班级生活、社团活动等。这些都可以成为学生学会共同生活的现实场景，让学生切实体验到交流、沟通、妥协与合作，从而实现真正意义上的共同生活。

从现实的学校生活来看，前两类活动已经得到了教育工作者较高程度的关注，尤其是第一类日常的课堂学习活动，现在已经越来越强调将课堂变为师生共同生活的场所。第三、第四类活动也逐渐走入人们的视野，其丰富的内涵和育人价值，已经在部分改革实践中得以充分体现。如"新基础教育"从班级建设改革实践入手，倡导"把班级还给学生，让班级充满成长气息"，继而拓展到对学生在校日常生活的重建，突出对学生日常生活的关注、研究、完善乃至于重建，形成了学校生活的新形态与新内涵。再如社团活动，不仅能够为学生习得共同生活所需能力提供锻炼的平台，更能够创造出更为丰富的社会生活中的共同生活场景。如 20 世纪 90 年代末期我国学校引进的"模拟联合国"项目在培养学生学会共同生活方面发挥了极大的作用。这一项目首先在大学校园里展开，后来逐渐走入中学，成为社团活动之一。在这个活动中，学生分别扮演不同国家的外交官，作为各国代表，围绕国际上的热点问题召开会议，为"自己国家"的利益进行辩论、游说，其间还要与友好国家沟通协作，解决冲突，讨论决议草案，促进国际合作等。在这个过程中，学生有机会了解不同民族的文化，理解不同文化的差异，体验到沟通与协作的重要性。这一活动不仅帮助学生形成了诸多共同生活所需的能力素养，更帮助学生直接且深刻地体会到共同生活的重要意义，形成共同生活的意识。

（三）提供支持与指导力量

一方面，学校教育借助教材统整各类丰富的教育资源，进行各种学科教学活动。它不仅完成了知识、技能的传递，还传播着人类文化、价值的多样性，为学生的共同生活提供文明的基础。另一方面，教师可以凭其丰富的社会生活经验对学生进行共同生活的技巧和方法的指导，而教师与教师之间的共同生活、教师与学生之间的共同生活本身也对学生学会共同生活提供了良好范例。

波伊尔在关于美国基础学校的构想中认为："一所行之有效的学校最基本的一个要素———种能使其凝聚到一起的一种力量，用一个最简单的词来概括，那就是'联系'。"学校首先"应该成为社区大家庭"。这个大家庭式的学校应该是：一个目标明确的场所；一个相互交流思想的场所，一个充满正义感的场所；一个纪律严明的场所；一个互相关心的场所和一个欢庆聚会的场所。

在我国的学校变革中，应努力使学校成为学生共同生活的场所，让学生在其中学会表达和倾听，学会关心和尊重，形成信任与团结，习得共同生活所需要的能力，体验到共同生活的乐趣，使其步入社会后依然愿意去过一种共同的生活，并能够不断地在共同生活中创造富有活力的人生，创生新的文明。

四、事例

有一年，很热的夏天，一队人出去漂流。女孩的拖鞋在玩水的时候，掉下去了，沉底了。到岸边的时候，全是晒的很烫的鹅卵石，他们要走很长的一段路。于是，女孩儿就向别人寻求帮忙，可是谁都只有一双拖鞋。女孩心里很不爽，因为她习惯了向别人求助，而只要撒娇就会得到满意地答复。可是这次却没有。她忽然觉得这些人都不好，都见死不救。后来，有一个男孩将自己的拖鞋给了她，然后自己赤脚在那晒得滚烫的鹅卵石上走了很久的路。还自嘲说是铁板烧。女孩表示感谢，男孩说，你要记住，没有谁是必须要帮你的。帮你是出于同情，不帮你是应该。女孩记住了男孩的话，自此以后学会了对施以援手的人铭记在心，并给以更大的回报。很多时候，我们总是希望得到别人的好，一开始感激不尽，可是久了，便习惯了。习惯了一个人对你的好，便认为是理所应当的。有一天不对你好了，你便觉得怨怼。其实，不是别人不好了，而是我们的要求变多了。习惯了得到，便忘记了感恩。

第四节　学会生存

俗话说得好：天有不测风云，人有旦夕祸福。灾难无法预料，何时何地发生并不清楚。因此我们首先要学会怎样生存下来，从而更好地保护自己，坚强地活下来。

学会生存，就要有所追求。人的生命需要有水和空气的孕育滋养。但只有水和空气保持这唇上热气的呼出，这不是真正的生存，而是"植物式"的生存。车尔尼雪夫斯基说过："一个人的生命如果没有追求的鼓舞，是空虚而渺小的。"所以人不能做天上的风筝，盲目无目标地被线牵着走，要为追求而生存。学会生存，就要学会坚强。人的生存受环境的制约，但我们要做环境的主人。生活也少不了坎坎坷坷，但我们不能迷失生活的道路。不要在脆弱中耗尽了自己，我们要战胜脆弱。学会生存，就要勇敢超越。水中的鱼儿不超越，怎能进化为较为进步的两栖动物呢？陆地脊椎动物不超越，也不能变成鸟类。佛家俗语"超度"也是要人类学会生存，发掘人类的超能力。上天永远不会偏爱那些双手合十、虔诚祈祷的人，而把机遇留给勇于超越的人。做好自己，做回自己，因为不能主宰自己的人，是世上最可怜的奴隶。也许，到这里，你明白了生存的真谛，懂得了生存的意义，正决心全心全意的生存下去。但，那并不是生存的全部……太阳的生存，为人类提供火与热，照亮人的心田。指南针的生存，为人类指点方向，引航导航。花儿的生存，为化作春泥给果实的成长输送营养。它们的生存不是为了自己，而是为把千丝万缕的爱献给人间。于是，我们懂得了，生存的目的不是生存，而是奉献。人生在世，生存的是否长久，获得的是多是少，并不重要，重要的是为人类为社会奉献过，真切动人地生存过。

一、教育孩子学会生存

教育就是要养成十个良好习惯。爱因斯坦曾引用这样一句俏皮话："如果人们已经忘记了他们在学校里所学的一切，那么所留下的就是教育。"换句话，可以说"忘不掉的才是素质。"而习惯正是忘不掉的最重要的素质之一。

为了改变空泛无效的德育状况，建议全社会携手培养小学生的10个良好习惯：

1. 说了就要做（诚实守信）。诚实守信是人的立身之本，是全部道德的基础。一个言而无信的人，是不堪为伍的；一个言而无信的民族，是自甘堕落的。

2. 耐心听别人讲话（尊重别人）。尊重他人是最重要的文明习惯之一，也是吸纳一切智慧的必要。因此，从小学会用心倾听各种声音，而不去粗鲁地打断别人或随意插嘴，是现代儿童应有的良好素质。

3. 按规则行动（规范行为）。按规则办事是地球公民学会共处的基本准则。如果每个人只从自身利益出发，不遵守公共规则，不考虑他人的意愿，这世界必定永无宁日，也必定危及每个人的利益。中国加入 WTO 的现实，尤为紧迫地提出了这一强烈需求。对于儿童来说，养成做事之前先了解规则的习惯，并自觉遵守有关规则，是儿童社会化的重要范式。譬如，应习惯于公共场所的排队，而拒绝投机取巧。

4. 时刻记住自己的责任（不忘责任）。是否具有责任心，是衡量一个人是不是现代人的主要条件之一，也是衡量儿童社会化水平的关键指标之一。在现代社会里，人们相互依赖程度越来越高，分工日益增细，分工越细越需要责任心，因为任何一个环节的失职，都可能导致整个事业的崩溃。一代代人的责任心状况，将对人类的生存产生越来越大的影响。

5. 节约每一分钱（学会生存）。每个人的节俭不仅仅显示了个人的道德观与生活能力，也与整个人类生存发展密切相关。节约每一分钱的实质是节约资源，并从中体验人类的高尚情感与博大智慧。

6. 天天锻炼身体（健康第一）。健康第一是儿童教育永恒的方针，也是儿童幸福的基本保障。一个重要的发现值得人类铭记：一个人如果在童年养不成运动习惯，长大了养成运动习惯，而一个没有习惯的人，生命的质量必定下降。因此，小学生每天应保证睡眠 10 小时，学习不超过 6 小时，而运动 1 小时以上。

7. 用过的东西放回原处（物归原处）。善始善终对于儿童是困难的，却又是十分必要的。用过的东西放回原处，这不仅有助于培养儿童思维的有序性，也有益于其责任心的形成，对于父母与教师来说，用百次机会可养成儿童某种文明习惯，若错过最佳教育时期，千次万次了是徒费心机。

8. 及时感谢别人的帮助（勇于表达）。对于一切来自他人的帮助都应心存感激，对于一切妨碍他人的行为都应心存愧疚。这是一个人的正常反应。如能养成及时表达内心感受的习惯，既可以与他人心灵沟通，又可以避免遗憾的产生，从而使自己处于健康并积极、主动的生活状态。

9. 做事有计划（成功心备）成功的事业离不开周密的设计与不懈的奋斗。我们都鼓励孩子走向成功，却又太宽容孩子的心血来潮和胡思乱想，尽管这的确是儿童期的自然反应。假如当孩子提出某项请求时，我们总是轻轻地地问一句：你的计划呢？当儿童逐步习惯了行动之前做计划，一个伟大的变化就开始了。如果，我们耐心地与孩子制定他的计划，并使计划趋于可行，那么，孩子也就悄悄地成熟起来了做大事要从小事做起，譬如每天临睡之前，将第二天穿戴的衣服或使用的东西摆放整齐，就是儿童做事有计划的必要训练之一。

10. 干干净净迎接每一天（喜欢清洁）。儿童容易受到暗示的影响，其形象与状态容易影响心态，因此，如何迎接新的一天，是儿童平凡生活中的大事，而从清洁做起，是培养孩子神圣感的良好措施。不必穿名牌，更不必奇装异服，只要求干干净净，譬如，剪去长指甲、经常换洗衣服、经常洗澡、不使自己发出异味、书本不乱涂乱画，等等，儿童能做到这一些，就足以表明他充满希望。

二、怎样学会生存

（一）培养忍耐力和自制力

心理学家曾做过这样一个实验，幼儿园老师给每个孩子一块糖，并告诉他们："现在吃，就只给一块，如果能忍一小时后再吃，可以再奖励一块。"以后的跟踪调查的结果显示，凡是那些能忍耐的孩子成功率大大高于不能忍耐的孩子。这在心理学叫延时效应，或延时满足。许多孩子办事虎头蛇尾，缺乏意志和耐性，长大以后事业上也少有成功。那么怎样培养孩子忍耐力呢？比如，幼小的孩子急于喝奶时，不要马上满足他，让他哭一会儿，一边慢慢和他说话，一边拍他的后背，然后再给他吃，忍耐时间逐渐加长，从几秒到几分钟；对每次都把零花钱很快花光的孩子，家长可以说："如果你能忍住一星期不花零花钱，下周可以加倍给你，你可以攒起来买你需要的大东西了。"由此可见，孩子遇到困难，家长不要马上给他帮助，而是鼓励他坚持一下，忍受挫折带来的不愉快，很快就会成功的。

自制力是指一个人在意志行动中善于控制自己的情绪，约束自己的言行。自制力主要表现在两个方面：一方面使自己在实际工作、学习中努力克服不利于自己的恐惧、犹豫、懒惰等；一方面应善于在实际行动中抑制冲动行为。自制力对人走向成功起着十分重要的作用。自古代百科全书式科学家亚里士多德，到近代的哲学家们都注意到："美好的人生建立在自我控制的基础上。"如何增强自制力呢？我认为在增强法制和伦理道德观念的同时做一些"磨练法则"。"磨练法则"对于培养克己自制的品质至关重要。举个例子，第一位成功征服珠穆朗玛峰的新西兰人埃德蒙·希拉里在被问起是如何征服这世界最高峰时，希拉里回答道："我真正征服的不是一座山，而是我自己。"这种优秀的品质就叫做意志力、自制力或克己自律。实际上，你也完全可以从每天去做一些并不喜欢的或原本认为做不到的事情开始，在"磨练法则"的作用下，开发出自己更强的意志力、自制力等等。你也知道只有通过实践锻炼，才能够真正获得自制力。也只有依靠惯性和反复的自我控制训练，我们的神经才有可能得到完全的控制。从反复努力和反复训练意志的角度上而言，自制力的培养在很大程度上就是一种习惯的形成。"给你最有效方便实际的建议是每天早上做5公里慢跑。不论严寒酷暑，刮风下雨，都要坚持。早上在床上的每一分钟都是如此让人珍惜，特别是冬天赖在被窝里为起床做着激烈的思想斗争，而且长跑又艰苦又乏味，还会让人腰酸背痛，可真是名副其实的苦差事，所以在这过程中你就可以得到磨练。从一开始的新鲜到讨厌到痛苦到渺茫，你可以想想马克·吐温（MarkTwain）的一句话，来解释如何做到克己自制："关键在于每天去做一点自己心里并不愿意做的事情，这样，你便不会为那些真正需要你完成的义务而感到痛苦，这就是养成自觉习惯的黄金定律。"只要你坚持，随着身体状况的慢慢变好，跑步逐渐变得轻松起来，跑步这份苦差事似乎不再那么恐怖了，尽管早起仍然有点儿困难，有点儿费劲，但似乎可以克服。一切都变得越来越容易，越来越自然，到最后清晨成了一个习惯，成了日常行为的一个部分，不用强迫自己，每天的晨跑成为了自然而然的习惯。这样通过每天跑步的"磨练"，使你的自律能力、决心、意志、承诺、效率、自信、自尊都得到锻炼和提高。你可以选择每天清晨长跑来帮助自己培养高度的自制力，也可以选择各种各样的体育活动。不论你选择怎样的事情，它首先是一件你必须强迫自己完成的苦差事。其次，这件苦差事也必须是你每天都可以完成的。最后，这件苦差事当然还应该是一件有益处的事情（例如，体育锻炼有助于身体健康，提高身体机能，增强自信，改善认知能力等等。）你可以选择各种各样的苦差事，例如跑步，健美，游泳，骑车，散步，有氧运动，瑜珈，武术等等。体育锻炼的项目数不胜数，但是，并不是说可以选择的苦差事仅限于体育锻炼。练习一种乐器，坚持阅读或是写作，和朋友通信或写邮件等等同样适用。选择怎样的苦差事本身并不重要，坚持才是问题的关键。每天坚持做点儿自己原本不太喜欢的事情，最终会让你获得自律、毅力、以及信守承诺，增强自制力的。

（二）关于忍耐力

面前的食物还没吃完，小朋友便迫不及待地嚷着要吃另外的食物；在游乐场看到好玩的滑梯，无视前面正在排队的小朋友，自己硬要抢先上去玩；上兴趣班时，发现自己怎样也无法做好时，便轻易放弃；遇到要求没有被及时满足的时候，他立即发脾气，甚至情绪失控……如此种种，都是小朋友们缺乏耐性的常见表现。难怪人们说：如今的小朋友一个个都是"急性子"！

据儿童教育专家提示，小朋友的忍耐力，其实与其年龄成反比，然而"耐性"这种特质，必须从小开始培养。专家建议家长应在幼儿至小学阶段，开始逐步培养孩子的忍耐力、耐性及坚毅能力。如果小朋友得到不正确的引导教育，长大后就可能要承受"恶果"。最明显的就是变得霸道，不能遵守社会的规范，例如排队轮候。此外，就是容易被自己的情绪所左右，稍不如意就觉得无法忍受，不能够冷静地思考解决问题的方法，不能承受挫折，以至于影响自己的工作和生活。专家强调，父母应该首先了解自己孩子的年纪、能力及脾气秉性。其次，父母要以身作则，如果家长本身也是急性子，就很难去训练小朋友的耐性。

那么，应该如何培养孩子的耐力呢？下面介绍四种方法，与大家分享我们的教育心得。

1. 小游戏中练专注力

专注力是忍耐力的基础，如果小朋友的专注力好，自然容易有耐性。妈妈可多与小朋友进行一些有助提高专注力的游戏，例如"找不同"、"找错误"、拼图游戏、听故事……让小朋友集中注意力，长时间专注做某一件事。

2．实现目标得到奖赏

小朋友拥有自己的目标，做事自然有毅力。当孩子渴望得到某样东西时，妈妈可以要求他们先达到某一个目标，达到后作为奖赏给他。孩子越大，要求也要相应的高一些，最重要的是所订下的目标，必须清楚、明确、合理。此外，不妨采用"奖励卡"或"奖励贴纸"这些小道具，让小朋友容易掌握自己的努力成果。

3．多项历练接受考验

小朋友的兴趣愈广泛，就愈容易磨练出个人耐力。其实，要培养个人耐性，关键就在于建立延迟满足欲望的能力。而在这一过程中，如果时间和精力容易消磨，情绪也不容易波动，耐性自然而然地就建立起来了。因此，妈妈不妨安排孩子多参与不同类型的兴趣活动。

4．增加难度挑战自我

妈妈可选择一些小朋友当下做不到，但本身有能力做到的事情，引导他们完成，不要随便让小朋友轻言放弃。妈妈应该与孩子一同订立一个具体的目标，帮助他们不断尝试挑战自我，树立进取心，例如每星期从事游泳等体育活动。此外，还可以安排孩子多参加一些"自我挑战"的活动，如"徒步行军"、"历奇训练"、野外定向等（注意安全，组织得当），可以磨练个人意志及耐性。（杜梅）

三、怎样在社会中学会生存

1．关注人性，了解社会的人情世故，以及事物发展的规律；

2．注重现实可行性，注重过程，并对过程进行有效管理、控制；

3. 重视经验，通过不断自我更新，做好内在素质上的准备，以便抓住时代所赋予的机遇；

4. 结合实际阅读，注重阅读的难度，难点、应用环境，在做事情之前，认真分析条件。如果有条件就充分占有、利用条件，如果没有条件时就努力创造条件；

5. 实践，再实践。实践既是检验真理的唯一标准，又是一种勇气。培养做事意识，从书本中学会如何面对挫折、失败，如何参悟人生中关键的规律，加强性格中那些具有强竞争力的因素；

6. 处理好人与人之间、人与自然的关系，在和谐中求效果；

7. 一定要去结识高人，在实践中不断获得他（她）的点拨；

8. 勇于放弃，为实现大目标，简化日常生活。所有的成功归根结底都是做人的成功，所有的成功模式都是个性的模式。所以，培养良好的习惯、完善人格是根本之根本。

四、事例

我在网上曾看见一个故事：记得一个星期四的下午，放学后"我"高高兴兴地往家里走去。当"我"走到居委会时，看到前面在修路，于是"我"绕道而行，从另外一条小路走回家。走着走着，忽然听见一个声音："小妹妹，你放学啦？""我"抬头一看，一位陌生的中年男子出现在"我"的面前。"嗯，放学了。""我"随口回了一句。"我是你爸爸的同事，你不认识我了吗？"陌生人笑眯眯地对"我"说。"我"抬头看了看他，心里在回忆那些我见过的爸爸的同事，"我这有几粒好吃的糖给你吃。"说完他拉住"我"的手，拿出几粒糖给我。"我"心里在想，这个人"我"没见过呀，他是认错人还是……。"我"灵机一动问道："你也是开卡车的吗？我爸爸今天开车去哪了?""对!对!你爸爸开车出去了,叫我来接你"。说完陌生人剥了一粒糖,想往"我"嘴里塞。"是坏人,我爸爸根本不是开车的。""我"心里一下子紧张起来,怎么办?平时在电视中和报刊杂志上看到过不少坏人骗小孩的案件,今天被"我"遇见了,怎么办?他手里的糖肯定有问题,"我"决不能吃。"我是不吃糖的,难道我爸爸没和你说过吗?""我"急中生智地说,"噢,我忘了。"陌生人无奈地把糖放进袋里,"我带你去见你爸爸。"他拉着我的手说道。"我"慢吞吞地走着,大脑却在高速运转着,平时爸爸妈妈教过我很多自救自护的方法,杂志上也有好多这方面的文章。对了,我有办法了。"每次去爸爸那里,我都会帮爸爸买包烟的,我们去小店买好烟就去爸爸那儿。""我"笑嘻嘻地对陌生人说,"那好吧,要快点,你爸爸在等你。"看着他那自以为是的样子,"我"不禁暗暗在笑:你上当了。陌生人拉着我的手来到小店,这时,"我"指着远处迎面而来的男子说道:"爸爸,你怎么回来了。"一旁的陌生人脸一下子紧张起来,紧紧拉着我的手也突然松开了。"我"对陌生人说:"爸爸回来了,我们过去吧!""不、不,我有事先走了。"只见他惊慌失措地说道,然后往后面跑去,一眨眼就不见了踪影。

这件事告诉我一个道理,不要吃陌生人的食物,当遇见坏人时,要保持冷静,正确运用自己的智慧与坏人周旋,以做到自我保护的目的。学会自我保护是一件多么重要的事啊!它不但能在必要时给予我们帮助还能令我们减少许多不必要的麻烦。

树立终身学习观的

N 个法则

的

下

SHU LI N GEFAZE

zhongshenxuexiguan

韩雪◎编著

中国出版集团

现代出版社

图书在版编目（CIP）数据

树立终身学习观的 N 个法则（下）／韩雪编著. —北京：现代
出版社，2014.1

ISBN 978-7-5143-2162-3

Ⅰ．①树… Ⅱ．①韩… Ⅲ．①终生教育 – 青年读物
②终生教育 – 少年读物 Ⅳ．①G72 – 49

中国版本图书馆 CIP 数据核字（2014）第 008733 号

作　　者　韩　雪
责任编辑　王敬一
出版发行　现代出版社
通讯地址　北京市安定门外安华里 504 号
邮政编码　100011
电　　话　010 – 64267325 64245264（传真）
网　　址　www.1980xd.com
电子邮箱　xiandai@cnpitc.com.cn
印　　刷　唐山富达印务有限公司
开　　本　710mm×1000mm　1/16
印　　张　16
版　　次　2014 年 1 月第 1 版　2023 年 5 月第 3 次印刷
书　　号　ISBN 978-7-5143-2162-3
定　　价　76.00 元（上下册）

目　录

第三章　如何培养青少年的终身学习观

第四章　引导青少年树立终身学习观念

第五章　终身学习观的重要影响

第三章　如何培养青少年的终身学习观

第一节　家庭教育

一、家庭教育的内涵

　　家庭教育，是指一个人在家庭这个特殊社会结构中所受的教育，一般指一个人从出生到自己组成家庭之前所受到的来自家庭各方面的影响，包括有意识的知识传授、道德教育和有意识的家庭生活氛围的陶冶。按照传统观念，家庭教育是在家庭生活中，由家长（其中首先是父母）对其子女实施的教育。

　　家庭教育是指在家庭内由父母或其他年长者对新生一代和其他家庭成员所进行的有目的、有意识的教育。

　　家庭教育从其涵义上讲也有广义和狭义之分。

　　广义的家庭教育，主要是指一个人在一生中接受的来自家庭其他成员的有目的、有意识的影响作用。

　　狭义的家庭教育则是指一个人从出生到成年之前，由父母或其他家庭长者对其所施加的有意识的教育。

当今世界教育发展的事实表明，随着社会的发展，家庭教育有增强趋势。不但在中国，在许多发达国家也是如此。由于重视家庭教育而更重视对家庭双亲的教育。中国近些年出现了家长学校，美国有"全美双亲协会"，英国有"全国双亲教育联盟"，法国有"全国家庭教育学中心"，1965 年在布鲁塞尔还召开了世界性的国际双亲教育会议，正式成立了"双亲教育国际联盟"，这一切都表明，重视家庭教育已成为当今世界性的趋势。

二、家庭教育的产生

家庭教育是同家庭同时产生的，它作为一种独立的教育形式先于学校教育存在。在以传授间接经验为主的专门教育机构出现以前，家庭成为教育儿童的主要场所。家庭教育是儿童实现社会化的奠基教育，是调整学校教育、净化社会影响的枢纽，教育子女是家长固有的职责。

三、家庭教育的特点

家庭教育不可缺少，也是由于家庭教育具有独自特点决定的。家庭教育同学校教育和社会教育相比较具有以下几方面的特点。

（一）先导性

一个人最早接受的教育是家庭教育，第一个教育者是父母。家庭的生活环境和父母的言行举止，从小就对孩子产生深远影响。儿童正是从这些家庭教育因素中学会了头脑的思考和语言的交流，懂得区分是非美丑，辨别善恶荣辱，形成最初的道德观念和行为习惯。儿童所接受的这些教育影响，就成为以后发展的重要基础和出发点。

儿童在家庭接受的初步教育，对后来的学校教育、社会教育具有先导性质。由于家庭教育已在儿童心理上发生了初步定势作用，对后继教育总是产生筛选作用。在接受新的影响时经常是在不断依据家庭先前灌输给他的价值观修正自己的经验，并不断地把自己的价值观和经验与家庭成员的经验相对照，建立循环的反馈联系。因此家庭教育成为青少年儿童接受后继教育的过滤器。

（二）感染性

感染性是情感的一个重要特点，是指一个人的喜怒哀乐等情感，能引起别人产生同样的，或与之相联系的情感。它像无声的语言，对人起着感化的作用，它是一种潜移默化的教育力量，在教育中有着特殊的意义。由于父母子女之间存在着天然的血缘关系，彼此心心相通，情感的感染性就显得更为强烈。家长的好恶取舍，常常决定着子女的行为举止。在家庭教育中，父母对子女的这种情感上的感染作用，有时是说服力很强的言语说教都难以代替的。

（三）权威性

在家庭教育中，家长在子女心目中的权威性，是家长有效地教育和影响子女的重要前提，而且与学校教育，社会教育相比，家庭教育具有更大的权威性。这是因为父母是子女的天然尊长,血缘上的亲密关系和经济上的依赖性使子女对父母有着特殊的依恋和依赖感,再加上父母因其自身努力工作而被社会的承认与尊重,丰富的阅历和经验,成熟的思想意识等等,这一切都使得家长在子女心目中树立起高大、权威的形象,子女养成了对父母尊崇和信任的心理。子女一旦形成这样的心理定势,就会自觉自愿地去接受父母的要求和劝导,向家长希望的方向发展,从而使家庭教育达到预期的目的。

(四) 针对性

鲜明的针对性,是家庭教育的又一大特色。俗话说:"知子莫如父",这话不无道理。孩子从一生下来,就首先进入家庭生活,同父母形影不离,朝夕相处,同父母接触的机会最多,相处的时间最长,因此只有父母能够全面地、细致地了解自己的孩子。同时,又由于孩子对父母的信任感和安全感,孩子所表现出的个性非常真实,所以家长能深刻地了解孩子。这样就使家庭教育比较容易地做到从实际出发,对症下药,有的放矢,因人而宜,因材施教,从而进行有针对性的教育。教育中问题抓得准,抓得及时,教育方式方法选择得当,教育内容也适宜,体现出很大的灵活性,充满了家庭的个性色彩。

(五) 终身性

在人的一生中,享受最长的教育,就是家庭教育,家庭教育具有终身性。而学校教育和社会教育无论时间长短,都只是一种阶段性和间断性的教育。家庭教育则不然，它不仅使人在未成年时获益匪浅，而且在他长大成人，成家立业以后，由于父母与子女之间所具有的血缘关系，家庭教育依然在发生作用。父母永远是子女的"老师"，家庭教育的这种终身性特点，有利于家长对孩子进行长期的、连续的观察和教育，有利于孩子形成比较稳定的人格特征。

家庭教育的上述特点，使得它与其他形式的教育相比较，具有很多优势，有其有利的条件。但是还应看到，家庭教育也有局限性。主要表现是家庭教育内容的零散性，任何家庭都不可能像学校那样有计划地、系统地对受教育者施加影响；其次是家庭教育方式的随意性，一些自身素质较差的父母缺乏自觉教育子女的意识，或随意打骂，或娇宠无度，或放任自流，由此给子女的健康成长带来种种不良的影响，这是家庭教育要注意和克服的。

四、家庭教育的意义

首先，家庭教育是人生的第一篇章，是个体社会化的最初摇篮。人一出生接触的第一个环境是家庭，第一位老师是父母。孩子都是在双亲直接影响下长大的，他们都是首先通过家庭和父母来认识世界，了解人与人的关系。家长的言行对孩子具有潜移默化的作用，家庭教育对儿童成长具有奠基作用，对人的社会化有着十分重要的意义。

其次，家庭教育也是学校教育的重要补充。家庭教育不仅在儿童入学以前，即使儿童进入学校之后，也有重要的意义。由于家长的权威性，家庭教育对学校教育和社会教育都有积极或消极的作用。家庭教育与学校教育一致，儿童社会化发展就会顺利；家庭教育与学校教育矛盾，就会极大地减弱学校教育的影响力。因此，家庭教育的意义不仅对婴幼儿学前期，在青少年成长期，其作用同样也不可低估。家庭教育应是学校教育的重要补充。

再次，家庭教育更能适应个体发展。幼儿园、学校教育都是面向全体学生，是集体化的教育。尽管学校教育也强调了解每个学生特点，因材施教，但在这方面总不及家庭父母对自己孩子的了解。家庭教育具有个别性特点，使教育更有针对性，更有利于因材施教。

五、家庭教育的作用

家庭教育首先具有启蒙性。家庭是人生接受教育的第一场所，主要负责情感与认识之间的联系及价值观和行为准则的传授。

其次，家庭教育具有随机性和经验性。它没有明确的计划，没有稳定、系统的内容，也缺乏科学的方式方法，"遇物而诲"、"相机而教"是教育活动的主要内容和方式。

再次，家庭教育具有个别性，这种个别教育具有一些得天独厚的有利条件，如家长了解子女，家庭教育具有亲切感和权威性等。

六、家庭教育的方法

（一）建立良好的情感熏陶环境

良好的情感环境是家庭教育的基础，具体说有家庭成员间的民主平等，彼此尊重，相互和谐，情感传承，而彼此和谐又是感情环境的基础，和谐首先是夫妻间的和睦，相敬如宾，互相谦让，体贴入微，这样孩子从小就看在眼里，记在心上，就知道一个人应该懂得去关心人，帮助人，甚至照顾人，才不至于眼里只有自己。这样孩子的感情心里就是健康的，才不至于心里变态。相反，一个家庭父母间的争吵，是正确教育子女的障碍，如果无休止的争吵，就根本谈不上对子女的教育。尤其是今天，许多父母在外打工，他们的孩子却得不到父母的关爱，.这些家庭的孩子由于缺少母爱和良好的情感熏陶，有的性情孤僻、任性，容易产生自卑感，学习不认真，于是他们就有得到爱的渴求，到处寻找温暖和同情，就容易上当受骗.有的情感心理不健康，就不懂得帮助别人，关心人，甚至不相信人与人之间有真情。这就是家庭情感环境给孩子带来的悲剧。

曾记得有这样一个故事，一对父母感情不和，早准备离婚，但双方为了几个孩子的未来，他们商议暂不离婚，也不准谁争吵，也不能让孩子知道，这样他们默默的在一起生活了将近10年，一直等到几个孩子都考上了大学，他们才分手，听了这个故事，我好感动，这对父母为了孩子牺牲了自己的幸福，消耗了美好光阴，是多么让人感慨啊。希望每个父母为了孩子向他们学学吧，给孩子创造一个和睦友爱的家庭教育环境，使孩子从小受到情感环境的熏陶，身心得到健康的发展。

（二）建立良好的道德和行为习惯养成环境

道德环境，指的是一个家庭逐步形成的较为稳定的生活作风，生活方式，传统习惯，道德规范和为人出事之道，常言说的好：
"身教重于言教"父母的言行和思想感化着孩子。就像我们看见的
电视上的一个广告，一个孩子的母亲为孩子的奶奶端洗脸水和洗脚
水，孩子在门缝里看见了，第二天，妈妈刚回家，孩子就送来一盆
洗脸水，当时妈妈觉得很惊讶，其实，就是父母的行为给孩子起里
示范作用。所以良好的道德环境是通过父母的榜样和表率作用形成
的，一旦形成，便在家庭教育中产生继续性和延续性。再比如，民
族英雄岳飞的父母在家庭教育中注意了三件事：小时注意培养岳飞
树立理想，并注意个性发展，了解儿时岳飞的内心世界；在民族危
亡的关键时刻，岳母便领着岳飞拜周侗为师习武；当岳飞把一身义
气变成"以身许国"的满腔正气，岳母进一步鼓励儿子从军，并在
肩上刺下"精忠报国"四字，鼓励岳飞英勇抗敌。岳飞成为我国历
史上的民族英雄，家长的言传身教起了很大的作用。

　　有的父母常抱怨自己的孩子不懂事，不听话，自私，不知道孝
敬父母，对人不尊重，说话不文明礼貌。请问父母们，自己在孩子
面前是怎么做的呢，严格要求了自己的言行了吗？你对自己的父母
孝敬了吗？精神上慰藉了吗？如果自己都没做好，还是先检查自己
吧，想想是不是自己的言行给孩子带来的恶果呢？那就责人先责己
吧。把自己的道德言行搞好了再来感化孩子。因此，坚持不懈的家
庭教育，对孩子具有不可低估的作用。即使孩子参加工作，远离家
乡，家庭教育仍起着遥控作用。因此，在家庭父母要处理好各种关
系，以自己的榜样教育子女。如果处理不好各种关系，就很有可能
让孩子形成不良的道德品质。

（三）创造良好的智力开发环境

孩子可塑性和模仿性强，容易受外界因素的影响。父母的兴趣爱好，理想追求，正确的人生观，价值观，开阔的胸襟无不影响孩子智力的开发和视野的拓展，抓好这一时期的教育，对于孩子的增知增智，形成健康的兴趣爱好均为有利。因此，要创造一个求知气氛，使孩子从小在父母的言传身教下，善于观察，乐于思考，兴趣广泛，勤奋好问。比如说，在家中，如果父母要修理或组装什么东西有的孩子就喜欢在旁边看，而此时的父母就可能觉得孩子碍事就大声叫孩子走开，其实孩子在旁边观看是最好的智力开发，可以培养孩子的观察力，记忆力，思考力，模仿力，和兴趣爱好。曾记得一次，在我自己的家里，孩子把一个大型玩具弄坏了，他父亲就给重装，我孩子就在旁边看，事后，我悄悄发现孩子独自把玩具也撤散了，亲自再组装，结果还真装好了。此类模仿实例还有很多，你难道说不是对孩子智力很好的开发吗？

世界著名发明家爱迪生，出生在美国一个贫苦的家庭里，他只读了3个月的书，就被老师斥为"低能儿"而撵出校门，可他后来竟成为世界上搞发明创造最多的人，被誉为"世界发明大王"，为人类的文明和进步做出了巨大的贡献。你知道是为什么吗？这与童年时代妈妈为他创造的良好的学习环境是分不开的。他的母亲是他的"家庭教师"。由于母亲的良好的教育方法，使得他对读书发生了浓厚的兴趣。"他不仅博览群书，而且一目十行，过目成诵"，她科学的解答爱迪生提出的问题并启发思考。其母为他布置良好的家庭学习环境，指导孩子读书，培养兴趣，克服困难做好各种实验，培养观察能力，开阔其视野。重平时，严小事。应该说爱迪生母亲对孩子的成长立下了汗马功劳。这就是家庭环境对他智力很好的开发和引导，为他铺平了成才之路。

（四）家长是孩子的第一任教师

家长自身的素质和修养状况，对孩子的影响起着十分重要的作用。因为家庭教育更多的是无声教育，家长的思想作风、行为习惯、言行举止无时无刻地对孩子产生一种"榜样"的示范性影响。家长本身素质不高，是很难承担起教育孩子的责任的。因此，提高家长自身的素质和修养是一个根本性的问题，也是一些家长学校重点关注并试图解决的重要课题。

其次，家庭教育是一门科学。家长要教育好孩子，必须遵循教育孩子的内在规律。除了自觉地提高自身的思想道德素质外，还应掌握一些科学的教育理论知识和家庭教育的方法，如教育学、生理学、、心理学等基础知识，家庭教育的原则与方法，青少年（独生子女）个性心理特点，心理健康与卫生、学习与行为习惯的培养，智力与非智力因素的培养等具体的方法和知识等。家长只有具备了相当的家庭教育科学知识与方法，才能在家庭道德启蒙教育中取得理想的效果。

（五）遵循道德品质养成的客观规律

小学生道德品质的形成是一个明理、激情、导行的过程，也是一个严格要求和反复训练的养成教育过程。家长对孩子的道德启蒙教育，既要讲清道理，提出明确的要求，更要进行适当而严格的训练，做到持之以恒。在教育中，对孩子的爱应当是一种理智的爱，是对孩子的尊重与严格要求的爱，"寓爱于教，爱教合一。"要防止对孩子的宠爱、偏爱或溺爱，避免因教育上的失控而带来孩子心理上的不稳定。

（六）要创建一种良好的家庭心理气氛

据心理学家对各种类型家庭的调查研究表明，家庭心理气氛对孩子人格形成具有很大的影响。家庭残缺、双亲不和、父母关系冲突等都会使孩子的内心产生严重的焦虑矛盾、多疑、心神不定或神经质，甚至导致心理变态以及反社会倾向。在这种情况下，孩子的道德品质必然会被扭曲。而那些充满相亲相爱的和睦家庭的孩子，则往往是心情安宁、活泼愉快、积极向上。因此，创造一个团结和睦的家庭关系和心理气氛，对开展家庭道德启蒙教育，对孩子道德品质的健康发展都是至关重要的，做好了道德品质的教育，那么，就为学习奠定了至关重要的基础。

七、家庭教育对学生的影响

（一）家庭教育是青少年心理发展的基础

家庭是社会生活的基本单位，是人类生活中最主要、最普遍的社会组织。家庭生活是人类生活最重要的组成部分。它对于个人心理的形成、性格的发展起着十分重要的作用，家庭教育是家庭在社会中履行的最重要的功能之一。

家庭教育的重要功能是发展人的心理，这是因为：首先，家庭是个人最早接受教育的场所，父母是孩子的第一任老师。家庭对一个人的智力、体力的成长，道德品质的发展，个性特征的形成产生全方位的影响。第二，孩子的生活大部分是在家里度过的，他们最初的道德观念、价值观正是在家庭中形成的。个人的各种心理态度、心理品质、心理特点、性格以及行为习惯的形成与家庭环境和家庭教育有着直接的联系。第三，家庭中教育的观点、方式和方法，家庭成员的作风、习惯、品德修养，家长的心理品质、心理发展水平和个性、性格特征都深深地影响孩子的心灵。人的心理发展是有其客观规律的，先天遗传和生理发展是人的心理发展的物质前提，而后天的环境和教育是人的心理发展的关键。

（二）家庭关系对青少年心理的影响

中国目前的家庭关系主要表现为夫妻关系和亲子关系，这是当今中国最为普遍的家庭关系。这两种家庭关系的好坏，对于青少年心理的正常发展有着极为重要的影响。

夫妻间的人际关系，他们之间的合作水平在很大的程度上就决定了家庭的基础特征，特别对孩子的个性形成会产生多方面的影响。家庭心理学研究表明：如果父母的相互关系是建立在互爱、互敬、互相信任、互相关心、体贴的基础之上，那么就会培养出孩子待人接物中的人道主义、诚实、忠厚等品质。相反，如果孩子在父母关系中看到的是冷漠、疏远、互不信任，那么将对孩子的道德成长产生非常消极的影响，会让孩子变得冷酷、自私，会妨碍他们培养爱和友情这类重要的道德品质。夫妻冲突对孩子心理和性格的不良影响是巨大的，因为家庭的心理气候对孩子来说是最为接近的社会环境，这种环境造就着孩子的素质，培养他们的某些性格特点。孩子生长在充满矛盾、父母成天吵闹的环境里，家庭气氛里缺乏宁静、和平、幸福、安定，缺少孩子心理健康发展所必需的一切条件，结果会使孩子受到心理创伤和不良情绪的影响，甚至有可能造成神经系统的紊乱。

亲子关系是家庭关系中最为稳固的关系，因为它具有不可解除性，现代的夫妻关系的稳定性正受到越来越有力的冲击，而亲子关系因其血缘关系而不可替代。同时，亲子关系一经产生，就具有永久性，这是任何外力也无法改变的。如果父母与子女之间不能相互理解与正确相处，亲子关系处理不好，会带来严重的后果。对于孩子来说，家庭是学会具体人际交往形式和技巧的第一个社会群体，父母对他们采取热情、温和、尊重抑或冷漠、急躁与轻视的态度，直接影响到他们今后与人的交往。亲子间不同的交往方式对孩子的个性、道德与行为会产生不同的影响。无数的研究结果证明，孩子的道德品质与家庭中的亲子交往方式有直接的关系，人的许多重要的品质，如同情心、自尊心、独立性等，在许多方面都取决于父母与子女良好的相互关系。父母与子女之间缺乏爱的关系，缺乏精神上的亲近，则常常是孩子心理发育不全或教育缺陷的根源。

（三）家庭教养方式对青少年心理的影响

在家庭教育中，采取何种教养方式，对孩子心理健康的成长影响很大。有学者指出，目前孩子心理健康问题形成的最重要的原因之一就是不良的教养方式。

从现实情况来看，家长的过分溺爱和严厉粗暴这两种不良的教养方式对孩子的心理健康危害最大。过分溺爱的教养方式主要体现在父母在同孩子相处时缺乏爱的分寸，视孩子为掌上明珠，无条件地满足孩子的一切要求，使孩子在家中处于特殊地位，事事都替孩子操办。这对于孩子的个性、心理健康带来了很大的负面影响。实践证明，在溺爱的家庭中成长的孩子，性格中会形成压抑、意志薄弱、胆怯、迟疑、情绪的稳定性差等特点，还可能养成自制力差、感情脆弱、不合群、动手能力差等特点。

严厉粗暴型的教养方式同样会导致孩子严重的心理问题。这种教养方式父母对孩子要求过分严厉，教育方法简单粗暴，对孩子动辄打骂，丝毫不顾忌孩子的自尊心。它容易使孩子产生一种父母是否爱自己的想法，令孩子怀疑父母对自己的爱，对于孩子确立积极的自我形象极为不利。同时，还会使孩子形成有缺陷的个性，如自我中心、冲动、冷酷、淡漠、好斗、压抑、胆怯、自卑、孤僻等问题。严重的会导致孩子神经错乱，心理失常。

（四）家庭教育内容对青少年心理的影响

内容决定形式，家长对孩子进行家庭教育的内容如何，往往也决定了他们自己所采取的教养方式。青少年人格的确立、习惯的形成和兴趣的培养，无不受到家庭教育的内容的制约。总体而言，现代的家庭教育内容包括伦理道德教育、思想品质教育、立身处世的基本规范、生活习惯养成、消费观念、劳动态度等诸多方面的内容。但现实中，目前的中国家庭教育存在着很多误区，表现在一些家长对孩子的教育重身体素质培养，轻心理素质培育；重智力开发，轻非智力因素培养；重知识传授，轻能力培养。这使得青少年中体壮如牛却胆小如鼠、意志薄弱；身材高大却自私自利、心胸狭窄；知识丰富却能力低下。从特定角度看，我国青少年在社会转型时期出现的理想失落、道德失范、心理失衡等问题无不与此密切相关。科学的家庭教育应涵盖孩子身、心、智、德等诸多方面，应是对孩子全方位、立体性的培养和开发。

家庭教育内容的缺陷，不仅表现在家长有意识的对孩子进行教育的内容方面，而且某些时候表现在家长无意识对孩子进行了不良影响。比如，家长在遇到不顺心的时候，经常在家中发泄对他人、对社会的不满情绪。这样久而久之，就会使包括孩子在内的所有的家庭成员对现实的阴暗面看得太重，导致心理失调，信念迷失，孩子在这种环境下成长，往往有一种迷茫无助的感觉，不良的心理就此形成。

八、事例

孟母三迁

战国的时候，有一个很伟大的大学问家孟子。孟子小的时候非常调皮，他的妈妈为了让他受好的教育，花了好多的心血呢！有一次，他们住在墓地旁边。孟子就和邻居的小孩一起学着大人跪拜、哭嚎的样子，玩起办理丧事的游戏。孟子的妈妈看到了，就皱起眉头：「不行！我不能让我的孩子住在这里了！」孟子的妈妈就带着孟子搬到市集旁边去住。到了市集，孟子又和邻居的小孩，学起商人做生意的样子。一会儿鞠躬欢迎客人、一会儿招待客人、一会儿和客人讨价还价，表演得像极了！孟子的妈妈知道了，又皱皱眉头：「这个地方也不适合我的孩子居住！」于是，他们又搬家了。这一次，他们搬到了学校附近。孟子开始变得守秩序、懂礼貌、喜欢读书。这个时候，孟子的妈妈很满意地点着头说：「这才是我儿子应该住的地方呀！」后来，大家就用"孟母三迁"来表示人应该要接近好的人、事、物，才能学习到好的习惯！

第二节　学校教育

　　学校教育是与社会教育相对的概念。专指受教育者在各类学校内所接受的各种教育活动。学校教育是由专业人员承担的，在专门机构——学校中进行的目的明确、组织严密、系统完善、计划性强的以影响学生身心发展为直接目标的社会实践活动。学校教育自出现以来就一直处于教育活动的核心。学校教育十分有利于一个国家教育事业持续和稳定的发展，也有利于青年一代系统地掌握科学知识和全面发展各种能力。学校教育以一个系统的社会组织形式与其他方面发生联系，促进社会发展和人的发展，保证对青年一代教育的科学性、连续性和有效性。

一、学校教育的含义

　　学校教育指通过专门的教育机构对受教育者所进行的一种有目的、有计划、有组织、有系统地传授知识、技能，培养思想品德，发展智力和体力的教育活动。学校教育作为教育的一种特殊形式，是由专门的机构—学校和专职人员—教师来实施的。从教育发展的历史来看，它产生在社会教育、家庭教育之后，是教育发展的高级形态。尽管在其发展过程中由于不同社会，不同国家经济、政治、文化等的多种影响，出现过兴衰变换，然而它却始终同社会教育、家庭教育并行发展着，并且其规模之大，速度之快，结构之复杂，体系之严整，都是社会教育、家庭教育所无法比拟的。这是因为学校教育在培养一定社会所需要的人方面，对于促进社会生产力的发展，维护和稳固一定社会的政治经济制度等方面所起的作用，以及在满足人们自身发展的需要方面，较之其他教育形态有更高的效率。所以，学校教育在整个教育体系中一直居于主导地位。

二、学校教育的概述

学校教育是一种制度化的教育，在现代教育体系中，学校教育形态是教育的主体形态。教育学理论中所揭示的教育规律大都是以学校教育为核心的。学校教育是社会成员实现社会化的一个基本环节，其最突出的目的就是培养全面发展的人和各级各类人才。学校教育严密的组织性是确保系统性的前提条件，而这种组织性又是在系统性的宏观指导下为系统性服务的。学校教育是有目的、有计划、有组织地进行的，各个环节也都有明显的规范性。学校教育通过教育内容、学制的层级结构、专业结构和形式结构的较强的系统性，确保了教育影响的全面性和系统性，使受教育者的身心发展保持了连续性。

学校教育是通过受过专门训练的教育者——教师实施的。一般而言，有什么样的教师就有什么样的学生，教师是代表着人类对学生进行施教，是在进行着文化的传承与创造活动。而且教师都是经过专门的教育学、心理学训练的，明白应怎样去适应学生的身心发展水平。学校教育具有专门的场所和设备。学校教育所具备的各种设备和仪器都是家庭教育和社会教育所不具备的。再次表现在学校教育中的对象即受教育者是以学习为专门任务的学生。这有别于家庭教育和社会教育。

学校教育中具有相对稳定的师资队伍、相对稳定的教育场所、相对稳定的教育对象和相对稳定的教育内容、教育方式方法及师生关系、同学关系、班级组织形式等。学校教育中还形成了相对稳定的文化模式，即形成一种稳定的校园文化，这对学生的影响也是非常有效的。如诲人不倦、为人师表被看作是教师的天职，尊敬师长、刻苦学习被认为是学生的美德。这种稳定性是学校教育效率高于家庭教育和社会教育的原因之一。

学校教育十分有利于一个国家教育事业持续和稳定的发展，也有利于青少年一代系统地掌握科学知识和全面发展各种能力。

三、学校教育的产生

部分西方和前苏联学者认为学校在原始社会末期便已经出现。前苏联教育史家沙巴耶娃根据人类学的材料，认为在原始社会末期便出现了学校教育的萌芽形式——青年之家。美国教育史家布鲁巴克也认为："甚至早在（或者也可以说是晚在）原始社会时期，教育就开始逐渐失去了它的非正规性。"由于这些看法主要是根据现存的某些具有原始性的民族教育活动来推断的，因此，尚不足以作为确定的事实。

根据已掌握的考古材料和文献，最早的学校教育似乎应该产生于古代两河流域，根据比较明确的文字记载，则应该产生于最早的古代奴隶制国家——埃及。由于两河流域文明发生的时间比古埃及文明发生的时间更早，以及同一时期有关学校教育的考古材料。在中国，根据文献在夏朝就已有学校，称为"庠序"，孟子便认为那时国家就"设为庠序学校以教之"，意指乡学，但尚未得到考古材料确切的证明。殷朝有学校则已从甲骨文得到证实。

到了公元前15、16世纪，古埃及和亚述、巴比伦等原有的古代文明奴隶制国家逐渐衰亡，世界文明形成了三个大的中心——中国、希腊和印度。

世界上主要的文明中心地区和国家的学校都出现于奴隶制社会这绝非偶然，而有其内在的必然性，这便是在奴隶制社会中，有了学校教育产生的必要性和可能性，也就是有了对学校教育的社会需要以及满足这种需要的条件。

在奴隶制社会中，由于铁制工具的使用，使生产力得到了很大的发展，剩余产品的出现为社会的分工提供了最主要的条件，社会的分工又进一步地促进了生产力的发展。逐渐地，社会分工从单纯的生产劳动领域扩大到了整个社会，出现了体脑分工，使一部分人从直接的生产劳动中脱离出来，从事社会管理和文化活动，作为广义文化重要组成部分之一的教育也就逐渐演变为一种专门和固定的职业。古希腊亚里士多德称他开办的学校教育为"闲暇教育"，不传授与生产劳动有关的知识和技能，反映了接受学校教育确与脱离生产劳动和"闲暇"有关。

在体脑分工的基础上，社会出现了阶级和国家。占统治地位的奴隶主阶级，借助于国家机器对被统治的奴隶阶级进行管理，镇压他们的反抗，维护本阶级的利益以巩固其经济基础和社会秩序，而要做到这一切，需要有自己的各种国家机关和力量，如政府、军队、监狱等等，也就是社会的上层建筑。同时，也就需要论证这种经济基础和上层建筑合理性的意识形态，这就需要有大量的官员、文士、僧侣和军人，这些专业人员都须经过专门的培养和训练，这就产生了设立专门学校的需要。这种需要可以在古埃及和中国周朝的学校系统中得到充分的体现，古埃及的学校分为宫廷学校、职官学校、寺庙学校和文士学校，都是为培养国家、政府和社会的专门人才而设立的。中国周朝的国学也是为培养统治者、官僚士大夫而设立的。

学校的出现还有着文化发展方面的原因。这主要表现在两个方面。

第一，到了奴隶制社会，人类已经积累了大量的生产劳动经验和社会生活经验，且其中不少已经在漫长的岁月中系统化、抽象化，形成了分门类的知识和学问，如天文、地理、水文、医学、数学、建筑等等，对这些知识和学问的掌握已不可能通过日常实践活动中的非正规教育来进行，客观上要求有专门的学校教育来传授这些知识。

第二，伴随着人们生产劳动和社会生活经验的丰富，以及经验向知识的演变，在原始社会末期，已经产生了原始的文字。文字作为处理日常事务和学习其他知识的工具，对于进入专门学校学习各种专业知识和技能的人来说，成为必须首先掌握的东西，而当时的文字辨认和书写都非常困难，绝非在日常生活中附带进行学习所能掌握的，这也对学校的产生提出了要求。在奴隶制社会比较成熟之后，便出现了许多专门学习文字和初级知识的学校，如中国周朝的乡学、古希腊雅典的体操学校、音乐学校，古罗马共和时期的小学和中学等等。

四、学校教育的特点

（一）职能的专门性

学校教育职能是专门培养人，学校是专门教育人的场所。学校教育同社会教育、家庭教育相比，其不同之处首要的便是学校教育的专门性。学校教育的专门性特点主要表现在任务的专一。学校唯一的使命是培养人，其他任务都是围绕着培养人来实现的。学校教育有专门教育者—教师，他们都是经过严格选拔并经过专门训练培养出来的。这样的教育者不仅学识广博、品德高尚，并且懂得教育规律，掌握有效的教育方法。学校教育还有专门的教育教学设备，拥有专门进行教育的手段。这一切都充分保证了学校教育的有效性。

（二）组织的严密性

教育的特点在于对人影响的有目的、有组织、有计划。学校教育正是体现了教育的特点。学校教育的目的性和计划性集中体现在严密组织性上。学校教育是制度化的教育，学校教育具有严密的组织结构和制度。从宏观上说，学校有各级各类、多种多样的体系结构；从微观上说，学校内又有专设的领导岗位和教育教学组织，有专司思想、政治、教学工作、总务后勤、文体活动等专门组织机构，还有一系列的严密的教育教学制度，如此等等，是社会教育和家庭教育形态所不具备的。

（三）作用的全面性

学校教育对人的发展作用是全面的。社会教育和家庭教育对人的成长影响多少都带有一定的偶然性，影响的范围也往往只侧重在某些方面。而学校教育是全面培养人的活动，它不仅要关心教育对象的知识和智力的增长，也要关心学生的思想品德形成，还要照顾受教育者的身体健康成长。培养塑造全面完整的社会人，是学校教育的特有职责。而这一职责也只有学校教育才能承担起来。

（四）内容的系统性

适应培养造就全面完整社会人的需要，学校教育内容特别注重内在连续性和系统性。社会教育和家庭教育在教育内容上一般具有片断性。即使是有计划性的社会教育，也往往是阶段性，就其知识总体来说也具有片断性。学校教育既注意知识体系，又要符合认识规律，所以，教育是系统的、完整的。教育内容的完整性和系统性是学校教育的一个重要特点。

（五）手段的有效性

学校具有从事教育的完备的教育设施和专门的教学设备，如声像影视等直观教具，实验实习基地等等，都是学校教育的有效手段。这些都是保证教学顺利进行的不可缺少的物质条件，这是社会教育和家庭教育所无法全面提供的。

（六）形式的稳定性

学校教育形态比较稳定。它有稳定的教育场所、稳定的教育者、稳定的教育对象和稳定的教育内容，以及稳定的教育秩序等等。学校教育的这种稳定性，更有利于个人的发展。当然，稳定是相对而言的，它也要有相应的改革变化。稳定不是僵化，如果把相对稳定看作是墨守成规、僵死不变，那就必然要走向反面。

总之，学校教育具有其他教育形态所不具备的独特特点，而且正是这些特点保证了学校教育的高度有效性，使它在各种教育形态中占据主导地位。

五、学校教育的分类

初等教育即小学教育、或称基础教育。是使受教育者打下文化知识基础和作好初步生活准备的教育。通常是指一个国家学制中第一阶段的教育，对象一般为7—13岁儿童。这种教育对提高国家民族文化水平极为重要，因此各国在其经济发展的一定的历史阶段都把其定为实施义务教育或普及教育的目标。在我国，小学教育是各类教育的基础，任务是培养国家新生后代为他们以后接受中等教育打下基础。小学学制一般为 6 年制。

中等教育是在初等教育基础上继续实施的中等普通教育和专业教育，这种教育在整个学校教育体系中有承上启下的重要作用。实施中等教育的学校为各类中等学校，普通中学为其中主要部分，担负着为高一级学校输送各类合格新生以及为国家建设培养劳动后备力量的双重任务。中等专业学校，包括中等技术学校，中等师范学校，担负着为国民经济部门培养中等专业技术人员的任务。各类中等学校的办学情况直接影响着一国教育建设和劳动力的培养质量，影响着国家各方面的发展和巩固，因此日益引起世界各国的重视。我国中等教育普通中学学制 6 年，初中 3 年，高中 3 年，对学生实行全面的普通文化科学知识技能教育。中等专业学校招收初中毕业生，按国家需要实施农、工、交通、技术、卫生、财贸等专业技术教育；技工学校培养技术工人。

高等教育是建立在中等教育之上的各种专业教育。

学校教育是个人一生中所受教育最重要组成部分，个人在学校里接受计划性的指导，系统地学习文化知识、社会规范、道德准则和价值观念。学校教育从某种意义上讲，决定着个人社会化的水平和性质，是个体社会化的重要基地。知识经济时代要求社会尊师重教，学校教育越来越受重视，在社会中起到举足轻重的作用。

六、学校教育的目的

1996 年国际 21 世纪教育委员会向联合国教科文组织提交了报

告《教育——财富蕴藏其中》，其中最核心的思想是教育应使受教育者学会学习的教育目的的思想，即教育要使学习者"学会认知"、"学会做事"、"学会共同生活"和"学会生存"。这一思想很快被全球各国所认可，并被称为学习的四大支柱。

1. 学会认知。（1）"知"在这里不仅是指"知识"，包括了在个体社会化的过程中需要了解的一切认识的对象。（2）"认知"不仅是书本上的，课堂上的，包括学会认识，学习各种社会学习规范，掌握学习的工具、求知的手段。（3）学会认知，要有强烈的学习动机，有探求未知的热情，有实事求是的科学态度，有科学的人文精神，掌握举一反三的科学方法。（4）学会认知，不能在学校教育中一次完成。"求知"将是一个在认识和实践之间无数次反复、不断"完成"而又重新开始的过程。

2. 学会做事。（1）学会做事，将从传统意义上的掌握某种狭窄的劳动技能，转向注重培养劳动者的综合能力。（2）学会做事，主要不仅指获取智力技能，而是指培养社会行为技能，包括处理人际关系、解决人际矛盾、管理人的群体等能力。（3）学会做事，更重要的是在"求知"过程中养成科学素质的基础上，培养适应未来职业变动的应变能力和在工作中的革新能力。

3. 学会共同生活。（1）学会共同生活，首先要了解自身、发现他人、尊重他人。（2）学会共同生活，就是要学会关心、学会分享、学会合作。（3）学会共同生活，不只是学习一种社会关系，同时也意味着学习人和自然的和谐相处。（4）学会共同生活，主要不是从书本中学习，它的有效途径之一就是参与目标一致的社会活动，学会在各种"磨合"之中找到新的认同点，确立新的共识，并从中获得实际的体验。

4. 学会生存。（1）学会生存是教育和学习的根本目标。（2）学会生存，超越了单纯的道德、伦理意义上的"做人"，而包括了适合个人和社会需要的情感、精神、交际、亲和、合作、审美、体能、想象、创造、独立判断、批评精神等方面相对全面而充分的发展。促进学生持续、和谐发展。

第一，社会生产水平的提高，为学校的产生提供了必要的物质基础；第二，脑力劳动与体力劳动的分离，为学校的产生提供了专门从事教育活动的知识分子；第三，文字的产生和知识的记载与整理达到了一定程度，是人类的间接经验传递成为可能；第四，国家机器的产生，需要专门教育机构来培养官吏和知识分子。

七、学校教育的功能

1. 让学生学会做人：（1）"严"与"和"：做人要严格，为人处事要和善；大事要严，小事要和；严是要以不变应万变，和是以万变应不变；严是做人的脊梁，和是做事的锦囊；严的时候要容得下和，和的时候要不失严。（2）"处下"：太平洋地势最低洼，也只有这样才有可能成就它的最为浩瀚。中国现代民族工商业杰出代表、前国家副主席荣毅仁先生有一句座右铭："发上等愿，结中等缘，享下等福；择高处立，就平处坐，向宽处行。"否则"木秀于林，风必摧之"。"海纳百川，有容乃大"也是因为海洋地势最低洼，处在江河之下。你要成就事业，招揽人才，就要虚怀若谷，容忍别人，以诚待人。

2．让学生学会学知：（1）"教"与"学"：既要敢于班门弄斧，又不能对牛弹琴。班门弄斧是为了求知的欲望，而对牛弹琴往往不是牛的悲哀，而是弹琴人的悲哀。（2）学"有形"与"无形"：学习是永恒不变的主题，但并非仅仅表现在书本和校园上。学习无处不在的，比如读万卷书和行万里路，后者的学习比前者更重要，学习的方式和内涵都不一样，书和行相比，一个是有形的书，一个是无形的书。有形的书，你考不过别人，无形的书，你比那一些优生不止强多少倍！上帝给每一个人的财富是一样的，有的财富是有形的，有的财富是无形的，问题与差别就在于你是不是发现了它，是不是及时运用了它。人人都是天才，很多人变的平庸，是因为放错了地方。瞎子往往听力与记忆力惊人，聋子往往眼力非凡。《时间简史》的作者：［英］史蒂芬·霍金是一个瘫痪之人，但也是想象力超人。（3）分数与潜能："我所认识的拿诺贝尔奖的科学家，几乎没有在学校考第一的，考倒数第一的倒有。"丁肇中认为，现代教育应当尊重学生个性，不应单纯看分数。

3．让学生学会交往：（1）人际关系：卡耐基说过："一个人的成功，只有15%靠他的专业技术，85%则靠他的人际处理能力。"能够和自己厌恶的人相处的很好是人际关系达到最高境界。（2）发展人脉：什么是"人脉"？"人脉"就是经由人际关系而形成的人际脉络。人类是群居的社会动物，人与人在社会互动中产生了特殊的情感和利益关系，这就是所谓的"人脉"。人脉资源根据其形成的过程可分为：血缘人脉、地缘人脉、学缘人脉、事缘人脉、客缘人脉、随缘人脉等。人脉是事业发展的情报站。在这个时代，拥有无限发展的信息，就拥有无限发展的可能性的。信息来自你的情报站，情报站就是你的人脉网，人脉有多广，情报站就有多广，这是你事业无限发展的平台。人脉是事业的助推器，每个人都希望自己生命中能不时出现一个"贵人"，在关键时刻或危难之际帮我们一把。贵人相助确实是我们成功的道路上宝贵的资源，他可以一下子打开我们机遇的天窗，让我们拨云见日，豁然开朗，直接进入成功的序列与境界，大大缩短我们成功的时间。

4. 让学生学会冒险：温州人的海洋性：温州地处东海之滨，温州人不怕海，飘洋过海是平常事。海上有风浪，有海盗，出门就得冒险。故温州人不怕冒风险。利用海洋走的更远，拓宽自己的生存空间，最早发展的有造船业。汉代，温州能造扁舟、轻舟、楼船。三国时期（公元239年）温州为江南主要的造船基地之一。唐贞观21年，造船征高丽，温州造船作出了重大贡献。第二次鸦片战争之后，温州辟为通商口岸，最早是英国，后有德国、瑞典、西班牙、美国等相继在此设立领事馆。温州人出现了第一次出国高潮。抗日战争结束后，温州解放前夕为了避乱，出现了第二次出国高潮。改革开放之后，温州人第三次出国高潮，主要是经商，有少数留学。现在可能出现第四次出国高潮，比较富裕的人送子女出洋留学。温州人胆大、敢闯、重友，造就不少温州人老板梦。悖论：文化不高、外语不通，最多只能做苦力，不去做苦力就只能去当老板了！你有文化、懂外语，就可以找一份好工作，就不用去冒险，你就不能当老板。

5. 打造强盛的集体：班级品质是班级成员思想意识的共同体：班集体建设最重要的就是营造良好的班风学风，正气充盈、积极向上的班级才能在竞争中立于不败之地，没有良好的班风学风，其它一切都是空中楼阁。但良好的班风学风不是一蹴而就的，是一项长期的任务。培养学生思想道德、建设良好的班风学风，"居里夫人去世后，爱因斯坦在评价居里夫人时讲：'第一流的人物对时代和历史进程的意义，在其道德品质方面，也许比单纯的才智成就方面更大。'凡是出类拔萃的人物没有一个不是把人格、道德精神放在第一位。人的精神是世界上第一个可宝贵的因素。"我们给学生提出"变不可能为可能，变可能为现实"的口号。把班级宣言张贴在教室前面的电视箱上，让他们铭记在心，增强了班级的凝聚力。

6. 让学生学会健体：(1) 重视身体健康：要把身体健康当作一项必须完成的工作任务。一位董事长这样说：学生的身体锻炼是学校教育的一项重要任务，时不我待。(2) 参与身体锻炼：我们虽然再努力也成为不了刘翔，但我们仍然能享受奔跑。可能有人会妨碍你的成功，却没有人能阻止你的成长。换句话说，这一辈子你可能不成功，但是不能不成长。你可能一世努力也成不了姚明，但是你可以享受在篮球运动中与人配合、与人斗抗带来的快乐，在篮球运动中锻炼了身体。你可能爱好打乒乓球，虽然难以成就为一代国手，但是你可以因此去结交你身边的朋友。你有某种爱好，不一定要显赫于江湖，完全可以自娱自乐，有益于身心健康，何乐而不为？

7. 播种希望是学校教育的一项必要任务。人生一帆风顺是幻想，遭遇奔波坎坷是常态。希望就是在曲折中奋进的原动力。

七、事例

用爱心哺育孩子成才

这是一个发生在美国黑人贫民窟的真实故事。一位大学教授带着他的学生来到这里搞调查研究，其中有一个课题是对该区 200 名黑人孩子的前途作预测。学生们都很认真，不久报告都出来了，结论令人沮丧：200 名孩子几乎无一例外地被认定为"一无是处"、"无所作为"、"终生碌碌"等等。

四十年后，老教授早已去世，他的继任者从档案里发现了这份报告，好奇心驱使他来到当年的黑人贫民窟。他惊奇地发现：当年被调查的 200 名孩子中，除了 20 个已离开故地、无从查考外，其余 180 名孩子大多数都获得了骄人的成就，他们之中不乏银行家、商人、大律师和优秀运动员。这一切，他们都说最该感谢的是当年的一位小学教师。

继任者找到当年的小学教师，此时她已是迟暮晚年了，吐字不太清楚，可有一句话任何人都听得懂："我爱这些孩子。"

只有没有爱心的教师，没有改变不了的孩子，教师要学会用爱心去培育，影响学生。

第三节　社会教育

一、社会教育的内涵

社会教育，是指除学校教育、家庭教育以外的一切社会文化机构或团体对社会成员进行的教育。社会教育的基本涵义有广义和狭义之分。广义的社会教育，是指旨在有意识地培养人、有益于人的身心发展的各种社会活动；狭义的社会教育，是指学校和家庭以外的社会文化机构以及有关的社会团体或组织，对社会成员所进行的教育。

广义的社会教育和我们所说的广义的教育在涵义上几乎无异。事实上，教育史上最早的教育职能就是通过社会教育来实现的。在原始社会，家庭尚未形成之前，年轻一代的教育是在全氏族成员的共同劳动中，在日常社会生活中，由氏族公社的成员通过互相的言传身教，或由有经验的年长者向年轻一代传授一些简单的生产和生活的经验的方式进行的。以后随着家庭及家庭教育的出现，直至学校教育的产生，广义的社会教育开始逐步地分化为三种独立的教育形态，即学校教育、家庭教育和狭义的社会教育。

西方有些教育学者认为，狭义的社会教育大约产生在 16－18 世纪。法国社会教育学者第穆认为，法国社会教育在 1533 年前后开始；美国教育学者诺威斯认为，美国的社会教育 1600 年以后开始酝酿；英国牛津大学的皮尼斯认为，英国的社会教育萌芽于 1860 年前后；日本的新掘通在其主编的《社会教育学》一书中认为，日本的社会教育始于明治二年（1868）其实，这些说法都是指的近代社会教育形态。而实际上社会教育的历史远比这些年代久远得多，就其广义的社会教育不说，仅就狭义的社会教育形态来说，远在学校教育出现以后就一直没有中断过。学校教育形态产生以后就被社会统治阶级所独占，广大劳动人民及其子女接受的仍然是社会教育，即在生产劳动和社会生活中接受教育。至于说近代社会教育，这不是社会教育形态的开始，而只不过是社会教育形态的新发展而已。

世界各国社会教育形态虽然都早己存在，但在本世纪以前，发展却是非常缓慢的。只是在本世纪初，特别是二次世界大战以后，才开始了迅速发展。

现代社会由于科学技术的迅猛发展，社会知识总量的激增，劳动就业结构的突出变化，从而使知识更新的速度不断加快，职业要求不断发展，对成年人来说，一次性的学校教育己不能适应社会要求，于是社会教育便迅速发现代科学技术的发展，劳动就业结构的变化，对学校教育也是一个冲击。现代学校教育同社会发展息息相关，青少年一代的成长也迫切需要社会教育密切配合。社会要求青少年扩大社会交往，充分发展其兴趣、爱好和个性，广泛培养其特殊才能，因此，社会教育对广大青少年的成长来说，也其有了极其重要的意义。同时，由于现代信息传播手段的发展，教育技术的不断完善，也为社会教育的广泛发展提供了现代化的物质条件。所以，在当今世界，社会教育己普遍获得了蓬勃发展，社会发展趋势日益表明，随着科学技术的不断发展，社会劳动生产率的不断提高，就业结构的进一步变化，以及人们闲暇时间的增多，社会教育还会获得更大发展，显现出更新的活力。

二、社会教育的特点

（一）开放性：社会教育不像学校教育具有诸多限制。它没有年龄、时间、地点等局限，随时随地都可接受教育。同时社会教育己开始把教育同社会生活、生产劳动、休闲娱乐等沟通起来。社会教育打破了学校教育那种封闭式的教育体系，具有极大的开放性。

（二）群众性：社会教育服务对象不仅是青少年，而且对各个年龄阶段，各行各业人员都有重要意义。以往对社会教育的认识仅限于对青少年的校外教育。现在已远远超出青少年，而扩展到了全社会。成年人的职业技术教育，老年人的老年大学等等，满足了社会各年龄阶段、各职业系统人员的学习要求，教育对象日益普遍。

（三）多样性：由于社会教育对象非常广泛，各有不同条件和不同需要，因此，社会教育的形式和内容也具有极大的灵活性和多样性。从受教育时间上说有脱产式、半脱产式、业余式等等；就其教育形式来说有培训班式、讲座式、函授式、媒体传播式（如广播、电视、报纸、杂志、影院等）、展馆式（图书馆、博物馆、展览馆等）、自学式等等；就其内容来说有文化知识、科学技术、政治法律、伦理道德、文学、体育卫生，以及生活常识等多方面的教育。

社会教育的多样性是社会教育最清楚明显的特点，而清楚明显到了被忽视的地步，这不能说是社会教育的悲哀之所在，行业的不同，地位的差异，党政军社团之别等等所带来的工作、职责、任务的不同而形成社会道德品质上的不认同是最大的悲哀。

（四）补偿性：学校教育时间较长，在校所学知识有些容易过时，跟不上时代需要；许多新的知识不断涌现，需要新的学习；更有些东西是在学校没有学到的，如日常生活知识、用品修理等等。这些在学校尚不具备的知识，需要社会教育予以补充。因此，社会教育具有较强的补偿功能。

（五）融合性：现代的社会教育不仅具有独立形式，而且日益渗入社会生活的方方面面，越来越表现出同社会的政治活动、生产劳动、社会生活、娱乐活动，甚至同宗教活动密切结合，融为一体，处处都可以发挥着社会教育作用。

（六）终身性：社会教育对任何人来讲都具有终身性，活到老学到老对任何人来讲都是不以你的意志为转移的，你有意无意都必须接受终身受教育这个现实，而积极的接受和无意识接受以及消极接受的效果是不同的。

（七）广阔性：社会教育涉及到社会生活的方方面面，各个角落。凡是有人的地方，社会教育就到什么地方，这就是任何教育所不具备的也不可能实行的。但也是对专门教育最具冲击力的。

（八）层次性：从人的年龄段来分，有婴幼儿、小学、中学、大学和成人。从人的地位和级别来分，有中央级、省部级、市级、县级。

（九）多变性：社会教育的多变性是影响社会教育质量的罪魁祸首。是导致社会思想混乱的根源之所在，特别是频繁的社会动荡和社会激变，对社会成员健康思想和良好品德形成是灾难性的。正所谓，乱哄哄，你方唱罢我登场，一个和一个说的不一样，甚至前后相反，昨天和今天也在大的方面是背道而驰，这种特点对社会发展的影响是绝对不容忽视的。

（十）复杂性：社会教育的多变性体现了社会教育的复杂性，而具体导致社会教育复杂性的是社会教育不同形式的教育在思想品德教育上的不能殊途同归上；从本质上说，还是教育对象人是复杂的这一根本原因所决定的。即人的复杂性决定了社会教育的复杂性，在任何时候都不能回避社会教育的这一特点，回避了这一特点，社会教育必然是虚伪的，失败的。

（十一）相长性：在社会教育中，人人都是施教者，又都是受教育者；在人们的学习、生活、工作中，任何人的一言一行，一举一动，无不影响着你周围的人们，而你本身也无时无刻的受着别人的影响。头头脑脑．专家权威们总以施教者甚至教训者的姿态出现，是社会的倒退。

（十二）德育纲性：德育为首从来没有被怀疑过，真正被放在首位也不是很容易的，育人是社会教育的终极目的，只有切实落实德育为首的地位，才能还社会教育于本源。才会有和谐社会。

（十三）德育目标的不确定性与考察的模糊性：如健康的思想，良好的品德，"五热爱"等，对一个人来讲都具有不确定性，加之人的思想是无限的，受环境、地位、条件的影响变化是必然的，目标的不确定性针对的是思想感情变化莫测的人从本质上来讲是不具有操作性的，要进行考察那一定是模糊的，但要拿这一模糊的结果一锤定音就有些荒谬了。

（十四）统领性：社会教育的统领性是通过国家来实现的，只有通过国家才能对社会教育实行统领。而国家具体施行是政府以及政府所设立的所有工作部门和机关，因而，政府及其部门和机关是社会教育的主体，对整个社会教育的质量的作用和影响是无可替代的。

三、社会教育的类型

（一）社会举办型

这种社会教育是由社会机构（即学校以外机构）举办的，包括青少年教育机构和成人教育机构。有关青少年的社会教育活动，如少年宫、少年之家、儿童公园、儿童影院、儿童阅览室、儿童图书馆等。这些专门组织的社会教育机构旨在弥补学校教育和家庭教育之不足，促进青少年的个性全面发展。关于成人教育，有各种文化补习学校、扫盲班、技术培训班，各种讲座、报告会等。

除了社会专门组织的教育活动以外，一些社会媒体也担当社会教育任务，如报刊、书籍、图书馆、广播、电视和电影等等。

（二）学校举办型

有些社会教育是发挥学校作用，是由学校负责举办的，例如函授、刊授、扫盲、各种职业训练班、科学报告和讲座等。这是充分利用学校教学人员和物质条件，向社会开放，直接为社会服务的教育活动。当今许多国家推行的社区教育，其中就包括依靠学校向校外开放的社会教育。

四、社会教育的作用

社会教育日益发展，尽管目前在整个教育体系中还处于辅助和补偿地位，但越来越显示出了不可替代的作用。

良好的社会教育有利于对学生进行思想品德教育，有利于学生增长知识、发展能力，有得于丰富学生的精神生活，有得于发展学生的兴趣、爱好和特长。

青少年都有自己的兴趣和爱好，这些兴趣和爱好若能及早得到培养，就能形成特长，表现出某一方面的才能。这无疑会加速学生的和谐发展。学校的教育，很难适应同一班级中不同兴趣爱好和发展水平学生的个别需要，社会教育可以弥补这些方面的不足。老师根据学生的爱好，有意识地引导他们参加校外教育机构的专门活动，如电脑维修、琴棋书画，使学生在自己爱好的活动中施展才华、发展特长、增长聪明才智，进而独立运用自己的知识和智慧去发现问题、分析问题、解决问题，合许多学生接受更多社会教育，成为运动员、演员、电脑高手，为学生全方位发展提供了一条新路。

社会教育是一种活的教育，它的深刻性、丰富性、独立性、形象性远非学校教育可比。协调社会教育力量可培养学生积极参加社会活动的能力，能将分散的、自发的社会影响纳入正轨。社会教育的好坏依赖于国家法律法规的建设程度和整个社会教育大气候的形成，这需要全社会较长时间的努力。

现代的社会教育具有其他教育形态不可比拟的特殊作用，它的作用主要表现在下述各个方面：

第一，社会教育直接面向全社会，又以社会政治经济为背景，它比学校教育、家庭教育具有更广阔的活动余地，影响面更为广泛，更能有效地对整个社会发生积极作用。

第二，社会教育不仅面对学校，面对青少年，更面对社会的成人劳动者。这不仅可以弥补学校教育的不足，满足成年人继续学习的要求，有效促进经济发展，还可以通过政治、道德教育，促进社会安定与进步。

第三，社会教育形式灵活多样，没有制度化教育的严格约束性。它很少受阶级、地位、年龄资历限制，能很好体现教育的民主性。

第四，现代人的成长已不完全局限于学校，必须同社会实践相结合。通过社会教育更有利于人的社会化。

综上所述，社会教育在现代社会里其意义愈加重要，是现代社会教育体系中不可忽略的部分。

五、社会教育的发展

世界各国社会教育形态虽然都早已存在，但在本世纪以前，发展却是非常缓慢的。只是在本世纪初，特别是二次世界大战以后，才开始了迅速发展。

现代社会由于科学技术的迅猛发展，社会知识总量的激增，劳动就业结构的突出变化，从而使知识更新的速度不断加快，职业要求不断发展，对成年人来说，一次性的学校教育已不能适应社会要求，于是社会教育便迅速发现代科学技术的发展，劳动就业结构的变化，对学校教育也是一个冲击。现代学校教育同社会发展息息相关，青少年一代的成长也迫切需要社会教育密切配合。社会要求青少年扩大社会交往，充分发展其兴趣、爱好和个性，广泛培养其特殊才能，因此，社会教育对广大青少年的成长来说，也有了极其重要的意义。同时，由于现代信息传播手段的发展，教育技术的不断完善，也为社会教育的广泛发展提供了现代化的物质条件。所以，在当今世界，社会教育已普遍获得了蓬勃发展，社会发展趋势日益表明，随着科学技术的不断发展，社会劳动生产率的不断提高，就业结构的进一步变化，以及人们闲暇时间的增多，社会教育还会获得更大发展，显现出更新的活力。

六、事例

孩子的成长不能只有书本

北京的董小姐对记者说，她 6 岁的侄子突然有一天对她说："我活得太累了！"董小姐十分惊讶，问："为什么呀?"，孩子回答说："我干什么都不自由，我要踢球他们让我看书，我要看电视他们让我画画。"

充满竞争和快节奏的现代社会迫使幼小的孩子不得不过早地承受压力和紧迫感。长期以来，我们习惯了用成年人的思维来安排孩子的生活，孩子很少有自主性。其实教育家认为，学习是孩子的天性，孩子在婴儿时期就已经开始了学习。但成年人总认为要逼迫孩子学习，结果引起孩子的逆反心理，就是反抗。另有些内向的孩子，不善于表达反抗，长久积压在心里，会造成更严重的心理问题。

第四章　引导青少年树立终身学习观念

第一节　终身学习是适应社会急剧变化的客观需要

社会总是在不断地发展变化，但从没有像今天变化得这样快。过去需要几代人完成的变化，现在不需要一代人，甚至每几年就面临着一个新的世界。在这种急剧变化的社会里，人们自少年时所形成的思想观念、习惯、思维方式等往往跟不上时代的变化。现实强迫人们要不断地做出新的认识和判断，尽快获得认识和解释时代的能力，坚持学习，保持与时代的平衡。

一、提高社会适应能力

人生活在社会中，就产生一个适应社会的问题。社会适应与心理健康关系密切。一个心理健康的人一定是一个社会适应良好的人；一个社会适应不良的人，心理健康肯定会受到影响。随着社会的飞速发展，改革的深入进行，必然带来物质生活、精神生活、社会观念和生活方式的巨大变化，如果我们不加强学习、与时俱进、跟上时代的步伐，就会造成社会适应不良，也会损害心理健康。我们正处于改革开放的时代，为促进经济的发展、社会的进步，在各个领域开展了一系列的改革措施，对人们的心理产生不同程度的冲击，如国有企业的改革，带来了下岗失业的问题；住房制度的改革，使得人们要花钱购买或租用住房；教育体制的改革，上大学要交学费、毕业不包分配等。如果我们不能及时转变观念，适应社会的变化，就会引起很大的心理困惑和烦恼。此外，由于社会的高速发展，都市化进程的加快，带来的环境污染、人口的大量流动、工作和生活压力的增加等也导致心理问题的增多。面对现代急剧发展变化的社会，只有努力提高社会适应能力，才能对不断变化的环境具有良好的适应能力，才能维护心理健康。

二、如何提高社会适应能力

适应社会环境有两种形式：一种是改造社会环境，使社会环境适合人们的需求；另一种是改造人们自身，去适应社会环境的要求。无论哪种形式，最后都要达到环境与人们自身的和谐一致，我们才能健康愉快地生活。提高社会适应能力的具体方法有：

1. 要主动接触社会环境、积极适应社会环境。首先要主动地投入到社会环境中去，不管现实环境多么令人不愉快。只有接触环境，才能认识环境和适应环境。最好的办法是随着年龄的增长，有目的地进行一些有益的社会实践活动，有意识地锻炼自己，这样可以进一步认识自己，认清自己在社会环境中所处的位置。适应社会环境还分为主动适应和被动适应。被动适应会表现出对环境的无可奈何，产生消极、忧郁、焦虑，甚至逃避的负性情绪。主动适应则能发挥自己的主观能动性和无限的创造力，努力克服各种困难，从而产生积极向上、愉快、满意、充实的正性情绪，这不仅能够使我们很好地适应环境，也有利于身心健康。

2. 要积极调整自我，提高应对的技巧。在接触社会环境的过程中，肯定会遇到或产生社会环境和自身条件之间的矛盾和冲突。如果我们能够审时度势，选择有利的环境条件，抓住机遇，同时能够积极地调整自我，学习有关的技能，提高应对的技巧，这样我们就能较快、较好地适应环境，并且取得成功。3. 要利用社会支持系统，积极寻求帮助。人们在积极地接触社会的过程中，会遇到各种问题，出现各种心理上的苦恼与困扰。为了更好地适应社会，除了及时地进行调整自我之外，有效地利用社会支持系统，寻求他人的帮助也很重要，俗话说"一个好汉，三个帮"。有社会的支持，有亲朋好友的帮助，就没有克服不了的困难。因此，我们要学会利用社会支持系统，帮助自己适应社会。

心理适应能力

心理适应能力是心理素质的核心内容之一，同时也是未来社会对人才素质的基本要求之一。面对未来复杂多变、竞争激烈的社会环境，只有具备较强适应能力的人才能够获得更充分的生存与发展的条件，才能够成为社会所需要的合格人才。然而，由于现有教育条件与生活环境的局限，在校中小学生中因心理素质较差而导致适应水平偏低或适应不良，学生面临新的学习环境和人际环境的变化所出现的不适应的问题。

心理适应在心理学里通常是指当外部环境发生变化时，人们通过自我调节系统做出能动反应，使自己的心理活动和行为方式更加符合环境变化和自身发展的要求，使主体与环境达到新的平衡的过程。这说明，适应现象是伴随着环境的变化而出现的，由于人们生活的环境（包括自然环境、心理环境和社会环境）经常处在不断的变化之中，因此，每个人在学习和生活中都会产生不断适应新环境的需要。从这个意义上说，适应是人的一种基本需要，是人一生中随时都要面临的任务，也是人应当具备的一种基本素质。正因为如此，当前在开展素质教育的过程中，心理适应能力的培养备受关注。

三、怎样提高心理适应能力

（一）人拥有突破困境的自由

从心理学上讲，人的心理在反映客观世界时具有主观能动性。人生活在具体的客观环境中，对各种现实现象中的是非曲直，不是照镜子似的消极被动地反映，而要经过主体在实践活动中通过一系列的心理活动过程来能动地反映。由于每个人内部的特点不同，即已有的知识经验、个性倾向性，如需要、动机、理想、信念、世界观等不同；个性心理特征，如兴趣、能力、气质、性格以及反映事物时的心理状态不同；同样环境下，对同样客观现实的反映不尽相同；同一个人在不同的生活时期或在不同的心理状态下，对同一客观现实的反映也不尽相同。每个人都可以对自己所处的环境做出积极主动的反应，以良好地适应环境。

我们应当在实践中不断提高自己的心理控制能力，学会在繁杂的外界环境中整理、分辨、选择、回避，更精确、更有效地把握现实环境中有利于自己生存发展的信息；更善于抓住复杂事物的关键，认识事物的本质，淘汰那些与我们生存发展关系不大的无用的刺激。那么，我们就会拥有突破困境，把握成功的自信与自由。

（二）发展是积极的适应

在现实生活中，人们对环境的适应，从适应的方向上看大体上有两种：

一种是消极的适应。这种适应是人与环境的消极互动过程。在这一过程中，个体认同、顺应了环境中的消极因素，压抑了自身的积极因素，即自身的潜能，违背了人的心理发展方向。其结果是环境改造了人，而人未发挥自己对于环境的能动作用。例如，人在遭受了挫折的环境下，采取的消极的悲观态度等。这些人都是以压抑自己的潜能，牺牲个人心理机能和品质的发展为代价，这种对环境的适应是退化，而不是发展。

另一种是积极的适应。积极的心理适应是个体在客观环境中积极主动地调整自己与环境的不适应行为，增强个体在环境中的主动性、积极性，使自身得到发展。任何环境中都存在着有利于个人成长的积极因素和不利于个人成长的消极因素。积极的适应是要正确地分析自身的特点及环境的特点，从对这二者的分析中找到自己的生长点。心理学家马斯洛在谈到成长与环境的关系时说："环境的作用最终只是允许他和帮助他，使他自己的潜能现实化，而不是实现环境的潜能。环境并不赋予人潜能，是人自身以萌芽或胚胎的形态具有这些潜能，属于人类全体成员，正如他的胳臂、腿、脑、眼睛一样。"马斯洛的观点虽然强调人的先天因素，但他给我们以启示：每个人都存在着潜能，环境只是才能发展的条件，而不是"种子"。我们对其理论的补充和修正是：潜能发挥的重要条件是个人的实践，个人在具体环境条件下的能动地活动。将环境中的有利因素和个性中的积极因素统一在自己能动地实践活动中，人就获得了一种积极的适应。发展是人对环境的积极适应，我们所提倡的正是这种积极的适应。

三、怎样培养学生的心理适应能力

个体成长的过程就是一个不断适应新环境的过程，在此过程中，适应的关键是内部心理活动的自我调节。教师采取心理辅导与咨询的方式，帮助适应不良的学生提高适应水平。根据对心理适应内部机制的分析，增强心理适应能力的几项建议：

1. 要有较强的分析问题和做出正确判断的能力，面临新环境的变化，要能够尽快了解新的要求，明确新的努力方向。

2. 对自己要有一个全面、客观的评价，了解自己不适应的表现和存在的差距，同时也要看到自己的潜力，在此基础上形成积极的自我观念，做到自尊、自爱，对自己始终充满自信。

四、全面认识和辩证分折逆境在人才成长中的作用

在一定条件下，逆境确实对某些人才的成长有重要的激励作用，但并非任何人都能在逆境中成才，也不能以逆境成才现象来否定顺境对人才成长的积极作用。因此，对逆境在人才成长中的作用有必要进行全面客观的认识和辩证具体的分析。

（一）逆境充满荆棘但也蕴藏着成才成功的机遇

逆境对人才成长的确有诸多不利，然而如培根所说，"奇迹多是在厄运中出现的"。逆境中往往蕴藏着巨大的创造奇迹和成才成功的机遇。

古人说，祸兮福之所倚。有犀利眼光和创新意识的智者，总能打破常规，在危机中窥见机遇，找到转危为安、反败为胜的对策。1791 年深秋法军进兵荷兰，荷兰掘开运河，以为退兵之计。犹豫之间，拿破仑得知树上蜘蛛大量吐出结网，根据知识和经验，他判断马上将有寒潮来临，于是发出停止撤退、准备进攻的命令。不久果然寒风劲吹，一夜之间河水冰封，法军踏过瓦尔河，一举攻占荷兰要塞乌得勒支城，避免了功亏一篑。这正是拿破仑在形势不利的逆境中发现机遇的成功范例。黎明前特别黑，成功前格外难。人才成长过程中，只要在危机时刻再坚持一下，挺过最难熬的一段，那么紧接着可能就是机遇的光顾，奇迹的出现。

（二）逆境压抑人才但也激发人才成长的强劲动力

逆境给人才成长制造困难，形成压力和压抑，使人才成长备受挫折。但是，正如《菜根谭》中所说："居逆境中，周身皆针贬药石，石氏节砺行而不觉；处顺境时，眼前尽兵刃戈矛，销膏糜骨而不知。"久处顺境，易生骄奢淫逸和惰性。而人在身陷逆境时，资源匮乏，精神压抑，成功欲望迫切，成才动机强烈，因此常常能够取得在顺境中难以取得的巨大成功。事实正是如此，豪门子弟多不成器。而出身贫寒者始终处于忧患之中，逆境使人别无选择，逆境给人很大压力，而压力能激发出强劲动力。当然，这种动力作用，主要还取决于身处其中的成才者所采取的积极进取的人生态度。

（三）逆境磨难人才但也磨砺人才的优良个性

树木受过伤的部位，往往变得最硬。人才成长也一样，经历逆境的伤痛和苦难之后，能磨砺出优良的个性。立志成才的青年如果能经历一段逆境的磨难为自己的人生"垫底"，那么以后不管遇到什么意外和困苦之境遇，都能应对和承受。

少时苦难磨砺性情，可抑浊扬清成大业。南非前总统曼德拉，年轻时因反对种族隔离制度被捕入狱，白人统治者把他关在荒凉的小岛上整整27年，3名看守总是寻找借口欺侮他。1991年曼德拉出狱并当选南非总统，当年在监狱看管他的3名看守也应邀参加他的就职典礼，曼德拉还恭敬地向他们致敬。如此博大的胸襟让所有到场的各国政要和贵宾肃然起敬。后来，曼德拉解释说，他年轻时性子很急，脾气暴躁，正是漫长牢狱岁月的悲惨遭遇给了他思考的时间，让他学会了控制自己的情绪，学会了如何处理自己的痛苦。磨难使他清醒，使他克服了个性的弱点，也成就了他最后的辉煌。

傅雷曾经说："不经劫难磨炼的超脱是轻佻的。"这句话至为深刻。逆境的一个重要价值，就是使人学会驾驭自己的个性，适度地张扬自己的个性，而不沦为个性的奴隶，并消除个性中的不良倾向，成为一个自身发展和谐的、与社会相融的有用之才。

（四）逆境由不幸造成但也使人才获得升华性补偿

生理学中的"补偿功能"认为，人身的某一器官如果发生病变或残缺，另一些器官的功能就会相应加强，以补不足。如盲人的耳朵特别灵敏，手和足的触觉也特别敏锐，他甚至可以通过声音、触觉去辨别人的面貌和形象。

补偿原理同样适用于身处逆境者。斯蒂芬·霍金二十多岁就瘫痪，后来连话都说不成，但他创立了宇宙大爆炸理论；史铁生患严重肾病，但最后成为一个了不起的作家。杨小凯饱受十年牢狱之苦，但他也因此而成为闻名海内外的经济学家。贝弗里奇说："人们最出色的工作，往往在处逆境的情况下做出，思想上的压力，甚至肉体上的痛苦，都可能成为精神上的兴奋剂。"人们把这种现象总结为：因祸得以成功，因福归于平庸。

五、逆境成才现象的现实启示

（一）对青少年人才进行有益的逆境培养

人才成长初期，少年得志，未必是好事。宋朝神童方仲永，5岁就能作诗，传为奇闻，但12岁时却变得"泯然众人矣"，就是因为优裕的环境害了他。有时，环境太好并不利于人才的成长。"自古雄才多磨难，从来纨绔少伟男"。明朝宰相张居正，从小聪明过人，13岁参加乡试的试卷令考官拍案叫绝，时任湖广巡抚的顾玉麟却建议让张居正落第。他解释说："居正年少好学，吾观其文才志向，是个将相之才，如过早让他发达，易叫他自满，断送了他的上进心。如果让他落第，虽则迟了三年，但能够使他看到自己的不足而更加清醒，促其发奋图强。"这位巡抚的远见的确令人折服。后来张居正果然成为中兴明朝的杰出政治家，他在险恶的环境中坚持革新政治，有一种不达目的不罢休的坚韧精神，这不能不说与他少年"落第"的逆境有关。

对青年人才进行逆境培养，并不是刻意制造"逆境"，而是让青年人到条件艰苦的环境中去磨炼，实际上是给青年人创造锻炼成长的更多机会和条件。

（二）提高人才在逆境中奋进搏击的逆境商数

同样面临逆境，有的人跨了过去，功成名就；有的人乃至有些高智商人才，却陷了进去，被淘汰出局。究其原因，就在于他们缺少应对逆境、解决现实难题的能力。换言之，他们的逆境商数 AQ 比较低。

逆商 AQ（AdversityQuotient），是指人们面对逆境时的反应方式，也就是将不利局面转化为有利条件的能力。如果逆境无法避免，危局不可挽回，那么面对现实就是惟一正确的选择。初陷逆境，人的脑海里会出现一连串的恼怒，也会产生惊慌，这都是正常的情绪反应。但是，AQ 低的人容易陷人其中不能自拔，反复抱怨，愤愤不平，却忘记了去寻求解决办法。而 AQ 高的人稍事之后则会冷静下来，审时度势，理智分析和判断，从逆境中走出。这就是应对逆境的能力。逆商之所以为人推崇，是因为它体现了一种积极的价值取向。

逆境（AQ）跟情商（IQ）一样，并非先天带来，任何人都可以通过学习提高自己的 AQ。按照 AQ 的发明人保罗·斯托茨博士的观点，应对逆境的能力可分解为四个关系因素—控制、归属、延伸和忍耐。控制就是认清自己改变局面的能力；归属是指承担后果的能力；延伸是对问题严重程度及对工作、生活影响的评估；忍耐是指意识到问题可能会长久存在，需要坚持一段时间。培养逆商，主要应当在这几个方面提高应对逆境的能力。

（三）讲究逆境成才的策略

一是在等待和忍耐中转逆为顺。身处逆境要忍耐，沉得住气，受得起委屈，坐得住冷板凳。这时，没有机会，需要冷静观察，韬光养晦。如果在逆境中错判情势，急于求进，就可能招致更大灾难和祸患。在逆境中只要坦然自处，奋发有为，就有可能在时机成熟时，化不利为有利，成其大才。

二是以乐观心态超越逆境。这心态来自于对事业的沉迷和追求所产生的快乐，这种快乐不为任何逆境所掠夺、所压制。因为逆境已经存在，不必急于改变现实，但可以在精神上超然现实，继续在对事业的执著中寻找最大快乐。只有这样，逆境消除之日，可能就是功成业就之时。

三是积蓄力量待机突围。面对逆境，还应当注意运用顽强而灵活的反"埋没"策略，要为破障突围进行长期艰苦的力量积累和精神准备，待条件基本具备时，以冲天之势突破逆境的羁绊，成就一番事业。比如当自己确已获得突破性成就和创新成果，而又身处逆境的压制和封杀时，要有"突围"的勇气，披发盘肠，大胆一搏或跳出圈子争取外界权威的支持，或争取有效的"组织保护"，或跳槽流动、远走高飞。

（四）对人为逆境进行组织干预

逆境能够使人成才，但并不必然使人成才。逆境本身不赐于人们任何成就，在通常情况下，常常会摧残、扼杀、毁灭人才。

对于组织一方来讲，断不可以逆境成才为名，置人才于逆境或陷人才于困境而不顾。不能把"逆境成才"当教条，搞盲目的"逆境崇拜"。毕竟，逆境中的成才是压制性的，它不利于人才认知系统和身心性情的健康发展。任何组织和领导者都应对人才成长中的各种人为逆境进行必要的行政干预和思想教育工作，以消除产生逆境的不利因素，通过健全的制度安排、和谐的内部环境与适当的物质待遇，为人才的社会角色成熟和德识才学体全面发展提供更良性的空间，使人才远离逆境的折磨与摧残。这也是社会和谐、民主、进步和发展的客观要求。

六、事例

海伦．凯勒相信大家都知道吧！她是美国的著名的女作家，她小的时候生了一场大病，弄得她双目失明，耳朵也失去了听觉。当海伦七岁时，她的父母为她请来了一位教师，帮助她学习。可是，海伦看不见，也听不见，怎么学呢？所以这位教师想了一个办法：先拿一个洋娃娃给她玩，然后在她的手心上，写上洋娃娃这个词儿，这样海伦就知道了什么叫洋娃娃了。因此，海伦很快就喜欢上这种学习的方法。从此以后，海伦就用这个办法学习，她一个一个地记，日积月累，她学会了不少的词。你可以想想，海伦作为一个又聋又瞎的孩子，她要克服怎样的困难啊？但她不怕困难，以惊人的毅力在学习、在生活，终于成为一个举世闻名的作家。现在，人们的生活条件和学习条件好多了，不必再"凿壁偷光"，更不必模仿"刺股悬梁"的做法，但古人那种勤奋好学的精神却值得我们好好学习，而且我们都是健康人，比海伦·凯勒强多了，只要我们不怕困难，不半途而废，刻苦学习，立志成才，就一定会成功。

第二节　终身学习是面对知识爆炸必然选择

伴随着以数字化、网络化为特征的现代信息技术的突飞猛进，新知识呈现出爆发性增长。不断革新的计算机与光纤网络通信、卫星远程通信相结合，将知识的编码、储存、传输、扩散速度极大地提高，方式极大地简化，成本极大地降低。知识量猛增，而知识的更新周期愈来愈短。据估计，人类的全部知识每五年就要翻一翻。这就要求每个人都必须把学习贯穿自己的一生，活到老学到老。

一、知识经济的概念

知识经济时代就是以知识运营为经济增长方式、知识产业成为龙头产业、知识经济成为新的经济形态的时代。知识经济，亦称智能经济，是指建立在知识和信息的生产、分配和使用基础上的经济。它是和农业经济、工业经济相对应的一个概念。

（1）这里的以知识为基础，是相对于现行的"以物质为基础的经济"而言的。现行的工业经济和农业业经济，虽然也离不开知识，但总的说来，经济的增长取决于能源、原材料和劳动力，是以物质为基础的。

（2）知识经济是人类知识，特别是科学技术方面的知识，积累到一定程度，以及知识在经济发展中的作用，增加到一定阶段的历史产物。同时又是新的信息革命导致知识共享以高效率产生新知识时代的产物。

二、知识经济的内涵

"知识经济"通俗地说就是"以知识为基础的经济"。这里的以知识为基础，是相对于现行的"以物质为基础的经济"而言的。现行的工业经济和农业经济，虽然也离不开知识，但总的说来，经济的增长取决于能源、原材料和劳动力，即以物质为基础。

知识经济是人类知识，特别是科学技术方面的知识，积累到一定程度，以及知识在经济发展中的作用，增加到一定阶段的历史产物。

知识经济与信息经济有着密切的联系，也有一定的区别。知识经济的基础是信息技术。知识经济的关键是知识生产率，即创新能力。只有信息共享，并与人的认知能力——智能相结合，才能高效率地产生新的知识。所以，知识经济的概念，更突出人的大脑，人的智能。反过来，人的智能，只有在信息共享的条件下，才能有效地产生新的知识。所以，信息革命——数字化、网络化、信息化——为信息共享，高效率地产生新的知识，打下了坚实的技术基础。这就是说，信息革命、信息化，与知识经济有着密不可分的关系。甚至直到目前，在国际上，知识经济、信息经济、智能经济，往往还同时使用。

知识经济的"知识"，是一个已经拓展的概念。它包括：

1. 知识是什么的知识，是指关于事实方面的知识。

2. 知识是为什么的知识，是指原理和规律方面的知识。

3. 知识是怎么做的知识，是指操作的能力，包括技术、技能、技巧和诀窍等等。

4. 知识是谁的知识，是指对社会关系的认识，以便可能接触有关专家并有效地利用他们的知识，也就是关于管理的知识和能力。

三、知识经济的标志

（一）资源利用智力化：从资源配置来划分，人类社会经济的发展可以分为劳力资源经济、自然资源经济、智力资源经济。

知识经济是以人才和知识等智力资源为资源配置第一要素的经济，节约并更合理地利用已开发的现有自然资源，通过智力资源去开发富有的、尚待利用的自然资源。

（二）资产投入无形化：知识经济是以知识、信息等智力成果为基础构成的无形资产投入为主的经济，无形资产成为发展经济的主要资本，企业资产中无形资产所占的比例超过50%。无形资产的核心是知识产权。

（三）知识利用产业化：知识形成产业化经济，即所谓技术创造了新经济。

知识密集型的软产品，即利用知识、信息、智力开发的知识产品所载有的知识财富，将大大超过传统的技术创造的物质财富，成为创造社会物质财富的主要形式。

（四）高科技产业支柱化：高科技产业成为经济的支柱产业，但并不意味着传统产业彻底消失。

（五）经济发展可持续化：知识经济重视经济发展的环境效益和生态效益，因此采取的是可持续化的、从长远观点有利于人类的发展战略。

（六）世界经济全球化：

高新技术的发展，缩小了空间、时间的距离，为世界经济全球化创造物质条件。

全球经济的概念不仅指有形商品、资本的流通，更重要的是知识、信息的流通。

以知识产权转让、许可为主要形式的无形商品贸易大大发展。

各国综合国力的竞争在很大程度上转化为人才、知识、信息的竞争，集中表现为知识产权的竞争。全球化的经济与知权产权保护密切联为一体。

（七）企业发展虚拟化：知识经济时代，企业发展主要是靠关键技术、品牌和销售渠道，通过许可、转让方式，把生产委托给关联企业或合作企业，充分利用已有的厂房、设备职工来实现的。

（八）人均收入差距扩大：这是指发达国家与发展中国家，发达地区与落后地区之间而言，是知识经济带来的负面效应之一。这也是在知识经济时代，必须掌握第一流知识和信息，占领经济制高点的重要性、紧迫性所在之处。

四、知识经济的特征

知识经济的特点表现在：知识经济是促进人与自然协调、持续发展的经济，其指导思想是科学、合理、综合、高效地利用现有资源，同时开发尚未利用的资源来取代已经耗尽的稀缺自然资源；知识经济是以无形资产投入为主的经济，知识、智力、无形资产的投入起决定作用；知识经济是世界经济一体化条件下的经济，世界大市场是知识经济持续增长的主要因素之一；知识经济是以知识决策为导向的经济，科学决策的宏观调控作用在知识经济中有日渐增强的趋势。

五、知识经济的时代意义

与依靠物资和资本等这样一些生产要素投入的经济增长相区别，现代经济的增长则越来越依赖于其中的知识含量的增长。知识在现代社会价值的创造中其功效已远远高于人、财、物这些传统的生产要素，成为所有创造价值要素中最基本的要素。知识经济的提法可以说正是针对知识在现代社会价值创造中的基础性作用而言的。

经济时代的划分重要的不是生产什么而是用什么生产，知识对现代经济增长的基础性作用，并准确地反映了知识经济的现实。知识经济是继自然经济、工业经济在人类财富创造形式上的崭新时代。我们称之为知识经济的，就必须使这种称谓有相应的经济学理论基础。这需要一个切入点，而这个切入点则需要得以论证。

目前，知识经济作为一种崭新的经济形态正在悄然兴起。在知识经济的模式中，知识、科技先导型企业成为经济活动中最具活动的经济组织形式，代表了未来经济发展的方向。

六、知识爆炸

（一）媒体的多样性

自 1995 年始，因特网迅速走红。据统计，99 年底，中国的网民已接近千万。"第四媒体"的兴起打破了报纸、广播、电视"三足鼎立"的态势，形成"万舸争流"的局面。网络媒体不仅真正实现了个性化的传播服务，而且也使"广播"（broadcasting）变成了"窄播"（narrowcasting）成为可能。在网络上，受众的地位发生着变化，从被动接受到主动选择。传统受众只能根据传媒已经安排好的节目时间表来接收信息，而网络传播的受众能在任何时间自由调阅自己需要的东西，受众主观能动性大大提高，受众不再是被动的客体，而成了驾驭信息的主人，传受之间的关系发生了根本的改变，"传者中心"为"受众中心"所替代。

（二）信息的广泛性

随着传媒的增加，人们接触的信息也剧增。有人曾经用"知识爆炸"来形容近年来知识更新的程度，与"知识爆炸"接踵而至的是人类社会的"信息爆炸"。所谓信息爆炸，一方面是大量无用信息、虚假信息湮没了有价值的信息，另一方面是人们要找到自己所需的信息所花费的时间越来越长了。科学研究表明，人类在最近30年所获得的知识等于过去2000年的总和，而未来若干年内，科技和知识会在许多领域出现更为惊人的突破。预计到2050年，人类现在所掌握的知识，将仅为知识总量的1%。

（三）机遇和挑战

知识经济时代中，知识、科技先导型企业成为经济活动中最具活动的经济组成形式。给我们带来无数的发展空间。

知识爆炸所带来的是新知识的层出不穷，使我们接触的新事物多而广。

都需要终身学习，不断发展自身，提高自身。

七、事例

一位管理学教授为一群大学生讲课。上课接近尾声时，教授拿出一个两公升的广口瓶放在桌上："我们最后来做个小试验。"随后他取出一堆拳头大小的石块，把它们一块块地放进瓶子里，直到石块高出瓶口再也放不下了，他问："瓶子满了吗？"所有的学生都回答："满了。"他反问："真的吗？"说着他从桌下取出一桶砾石，倒了一些进去，并敲击玻璃壁使砾石填满石块间的间隙。"现在瓶子满了吗？"这一次学生有些明白了，"可能还没有满。"一位学生说道。"很好！"他伸手从桌下又拿出一桶沙子，把它慢慢倒进玻璃瓶。沙子填满了石块的更多间隙。他又一次问学生："瓶子满了吗？""没满！"学生们大声说。然后教授拿一壶水倒进玻璃瓶直到水面与瓶口齐平。

在人的一生中学习是永无止境的，不要骄傲自满。特别是在当今知识经济的时代，知识更新速度快，需要我们不断地学习来提高自己的知识水平，跟上时代的步伐。

第三节　终身学习是经济发展对劳动者的迫切要求

在社会主义市场经济体制逐步完善的今天，新技术、新产品和新的项目层出不穷，评价劳动者就业能力的标准在不断提高。一方面失业在增加，另一方面又有许多工作岗位找不到合适的就业者。避免自己陷入结构性失业的唯一出路，就是不断地学习，不断地提高，让就业的过程成为一个永无停止的学习、提高的过程。

一、加强职业技能培训，提高劳动者职业技能素质

提高劳动者的职业技能素质，是提高自主创新能力和竞争力的基础工作。因此，对劳动者的职业技能培训，一是教育劳动者认识技术更新与劳动用工制度改革的关系，鼓励劳动者积极适应岗位的基本职业知识和技能需求，并了解相关行业和岗位的基本业务知识；二是引导劳动者树立学习新知识、新技能的观念，促使劳动者积极参与到探索新工艺、使用新技术、应用新材料工作中。因为单一专业知识结构的人才已经不能适应现今科技的发展，社会需要的是多层次知识结构的复合型人才。通过倡导学习，形成劳动者学文化、学技术的良好氛围，劳动者才能够互学、互帮、互促，做到精一门技术、会二门技术、懂三门技术，成为复合型的劳动者，才能在处理生产工作中遇到各种问题的时候，触类旁通，以最快的速度和视角分析问题，找出问题的症结；三是以创建"工人先锋号"和创先争优等活动为抓手，扎实推进"当好主力军、建功'十一五'、和谐奔小康"主题竞赛活动和"同舟共济保增长，建功立业促发展"竞赛活动，广泛开展各种形式的岗位练兵、技术比武、创新成果评选等活动，引导劳动者学习业务、钻研技术，熟练掌握所从事工作岗位的操作技能和专业知识，激发、调动劳动者获取知识、提高技能的积极性、

主动性，形成崇尚知识、重视人才、爱岗敬业的良好风气。

二、加强科学文化教育，提高劳动者科学文化素质

二十一世纪是知识经济时代，知识经济作为一种全新的以知识为基础的经济形态，比以往任何时候都显示出知识的巨大力量。如果知识不更新，不掌握新知识、新技术就不能适应社会发展的需要。美国麻省理工大学教授彼得·圣吉出版的《变革之舞》中讲到："21 世纪企业间的竞争，实质上是企业学习能力的竞争，而竞争唯一的优势是来自比竞争对手更快的学习能力"。在世界经济全球化、科学技术发展日新月异的今天，每一个劳动者都有一个知识充实和更新的任务，都有一个面对新领域、新事物、新情况不断加强学习的任务和要求，那种"一朝学成，终生受用"的传统观念已经过时。因此，要把加强劳动者科学文化教育作为一项战略任务抓紧抓好。一是拓展劳动者学习的途径，突出"培训是劳动者最大的福利"的理念；二是倡导"工作学习化，学习工作化"的理念，引导广大劳动者将工作当学问来研究，使"上班要做三件事——工作、学习和研究"成为劳动者的座右铭，鼓励劳动者带着问题学习，把工作中的问题解决在学习型环境中；三是广大劳动者要树立终身学习的理念，不断增强学习的积极性。因为不学习现代科学知识，不掌握先进技术，不提高自身素质就会在竞争中被淘汰。劳动者在学习新知识、掌握新技术的同时，要掌握科学的学习方法和养成良好的学习习惯，通过"学习—实践—认识—再学习—再实践—再认识"的过程，发

挥自己的创新能力，在岗位上能充分体现自身的价值，不落后于形势发展的需要；四是深化劳动者读书自学活动，鼓励劳动者岗位自学成才。读书自学活动是劳动者自我教育、自我提高的有效形式，劳动者读书活动要与时俱进，注重实际效果。学理论要与实践相结合，有针对性和适用性；学文化要与本职工作相结合，掌握现代科学文化知识，推进劳动者知识化进程。

三、加强思想政治建设，提高劳动者思想政治素质

切实抓好劳动者的政治理论学习，是全面提高劳动者综合素质的关键。坚持用党的十七大、邓小平理论、"三个代表"和科学发展观重要思想武装劳动者的头脑，不断提高劳动者思想政治素质，增强广大劳动者坚持党的基本路线、方针政策的自觉性，努力做到思想上、政治上、行动上同党中央保持高度一致，保证各项方针、政策的贯彻执行，促进社会的和谐。

四、加强思想道德建设，提高劳动者思想道德素质

一是开展"八荣八耻"为重点的思想道德教育，提高劳动者的整体思想道德素质，增强劳动者的归属感、责任感、自豪感和竞争力；二是开展"三德"教育活动，以学习实施《公民道德建设实施纲要》为抓手，狠抓以爱岗敬业、优质服务、清正廉洁为主要内容的职业道德教育，引导劳动者树立起正确的人生观、价值观，使职工成为热爱本职工作的奉献者、精通业务的进取者、

文明高效的服务者；三是开展普法宣传教育，重点抓好劳动者的学法用法工作，培养劳动者的法制观念，提高劳动者的法律意识，增强劳动者遵纪守法、依法维护自身合法权益和民主参与、民主监督意识，使劳动者知法、懂法、守法，自觉维护社会的正常工作秩序、劳动秩序和社会秩序；四是充分利用宣传文化资源，发挥大众媒体的作用，拓宽思想政治工作的领域；四是开展"四有"教育，尤其要注重"企业精神"教育，它是企业文化的思想核心，是培养集体意识、增强企业凝聚力的主要力量，通过讲理想比贡献，讲企业发展史，激发广大劳动者建设企业、发展企业，为企业尽心出力的主人翁意识，充分发挥"企业精神"的激励，凝聚和导向作用。

五、事例

一个出生于贫困家庭的人，一个学龄五年级的人，一个让世界变成自己学校的人，最终却是一个不同凡响的人，一个负责的好爸爸，一个负责的好"老师"。他就是巴克尔。

巴尔克认为，最不可宽恕的是一个人晚上上床时还像早上起床时一样无知。他常说：该学的东西太多了，虽然我们出生时一无所知，但只有蠢人才永远如此。为了防止孩子们陷入自满的陷阱，巴克尔要让自己的孩子每天都学一个新的知识在饭前进行交流，说出后才能吃饭。然而当他的孩子们介绍各种知识时，哪怕是微不足道的小知识，他也不觉得琐碎，而是鼓励孩子们认真学习。一次，他的儿子费利斯为了完成任务在饭前匆匆找了一个新知识：尼泊尔的人口是……。餐桌上顿时鸦雀无声。大家都觉得这个知识实在太琐碎了。但巴尔克却说："好，孩子他妈，你知道这个答案吗？"妻子的回答总是会使严肃的气氛变得轻松起来，她说："尼泊尔，我非但不知道它的人口是多少，连它在世界上的哪个角落也不知道呢！"这个回答正中巴尔克的下怀。于是他说："把地图拿来，我们来告诉你们妈妈尼泊尔在哪儿。"就这样，全家人忘了吃饭，在地图上寻找起尼泊尔来。一天又一天，日积月累，全家人在饭桌上学习了许多知识，大家共同进步着。

巴尔克说："一个人不一定终身受雇，但必须终身学习。"只有不断学习，才能够追求和享受更美好的人生。

第四节 对"知识无用"观念的批判

吾生也有涯，而知也无涯。以有涯随无涯，殆已；已而为知者，殆而已矣。

——庄子

庄子的这句话反应是自古以来人们对知识追求的认识和渴望。不难看出，随着社会的日益发展，对于知识到底有没有用处的观点开始发生了动摇。于是某些所谓的贤人智士就开始唾沫横飞，抛出所谓的"知识无用论"。关于这个新生概念本身的意义，在经历了多重变化之后已经变得无从考究，只是给人们留下的唏嘘仍在蔓延，就像感冒病毒般不断发展、进化，某些人的感性器官成了这些歪理生长的温床。前不久，网络上又流传出一种新的变种——"新知识无用论"。这个变化比之电脑软件几点几版本的更新似乎有过之而无不及。可是话说回来了,知识怎么就"无用"了呢?我百思不得其解。

在他们所说的新知识无用论的观点里指出,某些人凭借假文凭假学历就能获得不错的工作,而自己是货真价实的本科生或者研究生,却只能流落街头,在大大小小的人才市场之间徘徊。看完之后不禁大笑三声,不知这位仁兄是否也属于90后的族,竟说出如此荒唐可笑的言辞。暂且放下诚信、良心等不说,单纯谈谈如果知识无用,你曾经干嘛削尖了脑袋和别人去挤那象牙塔,去过那独木桥?如果只是无用,你又如何在网上用汉字发表你的檄文?说的绝一点,如果知识无用,你怎么知道人才市场是找工作的地方?如果不是脑残一族的所为,那么这样的言辞便可以认同为危害社会和谐环境,是要负法律责任的!

知识无用论最直接的影响就是促成了一个新的社会人群的出现,啃老族。这是一群标榜个性和自我选择的人群,崇尚不学毋庸,认为人生的最大意义就是享受,知识是留给那些有理想有抱负的人去钻研的。如此一来,娱乐事业飞黄腾达,社会发展缓慢下降。中国的未来,不敢想象。

大胡子老马教育我们要以矛盾的观点看问题,要充分理解事物间辩证统一的关系。就是要我们理性客观的看待所有问题,不能意气用事。还有一句不记得谁曾经说过"冲动是魔鬼。"也是提醒我们在遇到问题或者挫折的时候要理性,要客观。面对巧克力健美教练说:那是毒药;营养学家说:可以适当吃;心理学家说:促进多巴胺分泌,有利于心理健康,能吃就吃;你说是吃还是不吃？面对汽车，朋友们说：买，这东西方便，有面子；环保专家说，不能再卖了，环保杀手，地球母亲身上的跳蚤；经济学家说，买，不买中国经济怎么发展，制造业谈何升级；国际关系学者说了，买可以，就是不能买日本车，咱们有仇……艄公多了打翻船，不知道该听谁的。所以就要求我们理性的思考问题，把所学的知识综合起来，这样以来，知识无用也会变成知识有用了。

对于知识，我们应当积极的汲取其中的营养，并剔其糟粕，在学习中体会快乐和满足，放下成见和包袱，理智的看待问题，在众多规律当中寻找真理。

事例

程门立雪

远在北宋时期，福建将东县有个叫杨时的进士，他特别喜好钻研学问，到处寻师访友，曾就学于洛阳著名学者程颢门下。程颢死后，又将杨时推荐到其弟程颐门下，在洛阳伊川所建的伊川书院中求学。

杨时那时已四十多岁，学问也相当高，但他仍谦虚谨慎，不骄不躁，尊师敬友，深得程颐的喜爱，被程颐视为得意门生，得其真传。

一天，杨时同一起学习的游酢向程颐请求学问，却不巧赶上老师正在屋中打盹儿。杨时便劝告游酢不要惊醒老师，于是两人静立门口，等老师醒来。一会儿，天飘起鹅毛大雪，越下越急，杨时和游酢却还立在雪中，游酢实在冻的受不了，几次想叫醒程颐，都被杨时阻拦住了。直到程颐一觉醒来，才赫然发现门外的两个雪人！从此，程颐深受感动，更加尽心尽力教杨时，杨时不负重望，终于学到了老师的全部学问。

之后，杨时回到南方传播程氏理学，且形成独家学派，世称"龟山先生"。

后人便用"程门立雪"这个典故，来赞扬那些求学师门，诚心专志，勤奋学习的学子。

第五节　"活到老学到老"的终身学习观

一、教师的学习实践

（一）树立"活到老，学到老"的终身学习观

"传道、授业、解惑"已远远不能应对改革开放的今天，就连学生的需求也难以满足。如果教学理念不改革，教学方法不创新，个人素养不提高，是难以胜任的。这些都要求教师要不断的学习提高，做创新型教师、研究型教师、引导型教师。教师如果没有认识到自己学习的必要性、重要性，总是用陈旧的知识和老化的观念去教育现在的学生，那其结果必然是被社会无情地淘汰。

今天，在一些农村中小学可能还不能体现，知识媒体的进步

和信息时代的快速传播，但学生可说也是见多识广，知识量也在飞速增长。学生除课堂学到的知识外，在广阔的课外天地里，古今中外，天文地理都在接触，他们每时每刻都在产生许许多多"稀奇古怪"、"异想天开"的问题。面对这种情况，我们老师也只有不断的学习新的科学文化知识才可以应对。由此可见，作为一名教师，应同时具备双重身份：既是教师，又是学生，教师为"育人"而学习。

作为教师的学习不是一般的学习，而是基于一个教育者的学习。教师最终的追求是育好人，为"育人"而学习是教师的天职。我们应当积极参加上级组织的各种培训，继续学习，使之达到活到老，学到老的终身学习观念。应当不断学习新的教法，新的教育教学理念。让自己成为"源头活水"更好地滋润学生渴求知识的心田。

（二）积极实践，提高教育教学不仅教书，还要育人

实践是检验真理的唯一标准，只有通过不断的实践，才能把学到的观念和方法落实在教育教学工作中，帮助学生确定适当的学习目标，培养学生良好的学习习惯。掌握学习策略和发展能力，创设丰富的教学情境，激发学生的学习动机和学习兴趣。

充分调动学生的积极性，为学生提供各种发展的机会，为学生服务，建立一个民主，宽容的课堂氛围。另外，教师应该把握社会发展对人的发展的基本需要，不断提高自己的教学能力和科研能力，确立培养目标，打造新时代的人才。

培训视频中的一些专家、学者或有经验的教师，从自己切身

的实践经验出发，畅谈了他们在教育教学各个领域的独特见解。在这些专家的引领下，我的思想受到极大的震撼：平常在农村学校上课，考虑的是如何上好一堂课，对于学生长期全面的发展考虑得并不周全。专家们的讲座指明了努力的方向。

（三）改变工作方式，谋求共同发展

新课程理念提倡培养学生的综合性学习，而自主合作探究又是学生学习数学的重要方式。对于绝大多数教师而言，几乎很难独立一个人较好的完成，这就要求我们教师要善于了解其它学科，学会与其他教师合作，互助配合，齐心协力培养学生。从而使各学科、各年级的教学有机融合，互助促进。

除此之外我还明白，人生没有捷径，教学亦如此。相信自己，别人能做到的，我经过努力一定也能做得到。

（四）展望未来

在今后的教学活动中，将继续虚心地利用网络学习，利用网络成长；兢兢业业的奉献，踏踏实实的工作；理论结合实际，实现自己的教育梦想。

二、对"活到老学到老"的理解

第一条核心信息便是"学无止尽"。西方人早在上个世纪就作过一项统计：假如一个人从哇哇坠地的那一刻算起，每天不吃、不喝、不睡地二十四小时读书直到六十岁，也不可能读完仅

仅只是某个专业的书。那么涉猎百科又如何？

于是这样又能解读出这六个字的第二条信息：不仅仅是"学无止尽"，而且还得讲究学习方法，还得时时不断地改进我们的学习。否则的话，不善于选择学习资料和提取知识精要的人根本就不用涉猎百科了，哪怕是学一个专业都会学不好！所以，任何人到老也都有学习和改进自己的学习的问题！

于是这又导出了这六个字的第三条信息：不仅"学无止尽"，而且"学无止境"——在知识面前是不能摆老资格的！有些人说话习惯于说"这个问题我研究了十几年了"、"这本书我读过几十遍了"——这能说明什么？既然对不会解读信息的人来说，同一条重要信息无论重复了多少次都没有用，那么同一件事无论做多少遍，同一句话无论听多少遍，对一些人来说可能一点感觉都没有（后文还会给予例证），从而说这种话的人不被人认为是很愚钝就值得庆幸了，是否掌握了知识的真谛与年龄无关，与学习的重复次数无关，与读书的数量无关。"学无前后，达者为先"，在知识面前摆老资格或者自称读过多少书都只会自取其辱。

三、事例

师旷是我国古代著名的音乐家。一天，师旷正为晋平公演奏，忽然听到晋平公叹气说："有很多东西我还不知道，可我现在已70多岁，再想学也太迟了吧！"师旷笑着答道："那您就赶紧点蜡烛啊。"晋平公有些不高兴："你这话什么意思？求知与点蜡烛有什么关系？答非所问！你不是故意在戏弄我吧？"师旷赶紧解释：

"我怎敢戏弄大王您啊！只是我听人说，年少时学习，就像走在朝阳下；壮年时学习，犹如在正午的阳光下行走；老年时学习，那便是在夜间点起蜡烛小心前行。烛光虽然微弱，比不上阳光，但总比摸黑强吧。"晋平公听了，点头称是。

人生感悟：活到老学到老，知无涯，生有涯。一个人从他出生之日起，学习就成为整个人类及其每一个个体的一项基本活动。从幼年、少年、青年、中年直至老年，学习将伴随人的整个生活历程并影响人一生的发展。古人说："书山有路勤为径，学海无涯苦作舟。"没有止境地学习，是每一个向上者必要的。人要想不断地进步，就得活到老学到老。在学习上不能有厌足之心。之所以提出终身学习的观点，因为人类几千年积累下来的知识文化，岂是只用短短几十年的一生能学得完的呢？故先贤庄子曾说："吾生也有涯而知也无涯。"何况现代社会的知识寿命大为缩短，个人用十几年所学习的知识，会很快过时。如果不再学习更新，马上就进入所谓的"知识半衰期"。据统计，当今世界90%的知识是近三十年产生的，知识半衰期只有五至七年。而且，人的能力就像电池一样，会随着时间和使用而逐渐流失。因此，人们的知识需要不断"加油"、"充电"。当今时代，世界在飞速发展，知识更新的速度日益加快，人们要适应变化的世界，就必须努力做到活到老、学到老，要有终身学习的态度。以老人为例，也得学会如何使用洗衣机、微波炉甚至是电脑，不然享受不了科技带来的乐趣与便捷。终身学习这方面，鲁迅先生是榜样，先生在临死前一个小时还在写文章呢！还有华人首富李嘉诚，他每天晚上看书学习，这个好习惯已坚持了几十年。更有甚者认为，只是"活到老，学到老"还远远不够，比尔·盖茨就讲过一句话：在21世纪，人们比的不是学习，而是学习的速度。在现今的企业环境里，没有打不破的铁饭碗。你的工作在今天可能不可或缺，可是这并不意味着明天这个职位仍然有存在的必要，所以我们必须用不断学习来防患于未然。世间有"知足者常乐"一说。而且，大多数人都承认，知足常乐是一种美德。的确，这是一种美德。但是，一切事物都有其存在的环境，知足常乐的道理也是如此。在物质生活上，知足者常乐。如果不知足，就永远不会有幸福。而在事业上，在学习上，总是知足就会裹足不前。所以，在学习上，要知道精进才行。未来社会的竞争，必将会从今天的人才竞争转向学习能力的竞争。我们每个人，都应该树立终身学习的全新理念，并做到在学习中工作，在工作中学习。真正实现自我完善、自我超越。

第五章　终身学习观的重要影响

第一节　终身学习观对经济、科技发展的影响

一、知识与文化对经济发展的影响

（一）科技文化成为经济发展的第一推动力

众所周知，18世纪60年代从英国开始的第一次工业革命，使机器生产代替了手工劳动，人类进入了大生产的"蒸汽时代"。19世纪70年代前后开始的第二次科技革命，以电力的广泛应用、内燃机的创制和使用、电讯事业的发展为标志，极大地推动了世界经济的迅速发展。20世纪下半叶，人类进入了飞跃发展的时代，以电子计算机为先导的微电子学信息技术、生命科学技术、新材料、新能源等高科技的迅速崛起，成为提高劳动生产率的最重要手段和发展生产力的主要方向，社会生产力就其性质、规模和发展来讲，将进入崭新的质的飞跃阶段。科学技术已成为世界

经济社会发展的原动力，现代竞争力首先取决于科技进步成果的速度、规模、范围和效果。所以，邓小平明确提出"科学技术是第一生产力"的论断是非常正确的。

如今，在工业发达国家，高科技、高文化大量进入企业，使当代产业结构发生了根本性的变化，经济中科技文化知识因素已跃居首位，脑力劳动者的数量迅速增加，日益成为生产、营销和管理的主力军。科技文化是经济发展的第一推动力已成为不争的事实。

（二）人才文化成为经济社会发展的核心竞争力

人才文化就是人才资本积聚、使用、评估的方式、效果和过程。

在农业社会和工业化的初期，劳动力主要提供的是体力劳动，在农耕、家庭式的小作坊或低水平的小企业里，似乎用不着什么文化。随着知识经济的崛起，市场经济的发展，促使人们逐步认识到人才资本是知识经济时代经济发展的第一要素。在人才资源、物质资源和其他资源中，人才资源是最积极和最具创造力的资源。所以邓小平早在"文化大革命"刚刚结束时就提出，要尊重知识，尊重人才。

认知科学表明，在现代社会中，对于体能、技能与智能的获得，社会需要支付的成本分别为1：3：9，而人的体能、技能与智能对社会财富的贡献（即人才资本的增值）则分别为1：10：100。可见一个仅具体能的人和一个兼具体能、技能和智能的人才对国家的贡献率是近百倍的差距，这就充分证实了"人才资源是第一资源，人才资本是核心资本"的科学性。事实上，美国之所以成为世界上最强大的国家，其中一个重要的原因，就是因为它拥有世界上一流的人才和庞大的人才队伍以及人才高效发挥的机制。

（三）理念文化是经济发展的导向力

理念是一种价值观和道德观，是社会、个人的经济行为和其它行为的判断取舍准则。

从宏观经济上看，文化理念起着至关重要的导向作用。经济发展既有极大的扩张力，调控不当也有惊人的破坏力。经济增长如同人口增长一样，都需要有一个限度。经济发展过热，容易导致经济泡沫和经济结构、社会环境的失衡，出现经济大起大落甚至崩溃的可能性。所以，形成循环经济的理念、树立可持续发展的科学发展观，从而摒弃那种盲目上马，乱铺摊子，重投入、轻效益的粗放型外延式发展模式，逐步淘汰那些污染型的产业和资源消耗型的产业，就显得非常必要。这些理念和观念，已经在全世界范围内越来越得到广泛认同，并引导着现代经济走向有效增长、健康发展的道路。

从微观经济上看，理念贯穿于企业行为和个人经济行为的全过程。如企业文化，它是理念作用于微观经济的主要载体。企业文化的核心是企业精神和经营理念，它强调企业在追求效益、效率的过程中，更多地注重经营管理的道德和价值追求，最大限度地激发全体员工的自主性、积极性和创造性，并努力达到企业发展与社会发展、个人发展一致的目标。

（四）制度文化是经济发展的不竭动力

制度是在一定的信仰、价值观指导下和历史条件下形成的政治、经济等各方面的体系，是要求所属的社会成员共同遵守的规范性文化。它属于生产关系的范畴。所谓解放生产力，就是通过制度创新去改革那些阻碍经济发展的各种政治、经济等条条框框来实现的。好的制度，能够公正、合理地体现各个利益主体的主张，发挥各层面的积极性，从而形成强大的号召力和合力。好的制度，能够优化管理结构和运作程序，减少冲突和内耗，极大地提高工作效率。一个国家、一个企业，要想延长它的经济发展周期乃至永葆青春，最重要的就是不断制度创新。

美国独一无二的强大和长期持续活力的根本原因就是其制度创新能力，它可以使各种资源成倍数效应甚至几何级增长的形式产生结果。中国二十多年来的经济高速发展，也是与经济制度不断深化改革相伴随的。从农村的家庭联产承包责任制开始，到城市的企业承包制，再发展到产权制度、市场体制的改革，逐步向股份经济和现代企业管理制度转变，极大地激发了企业的活力和人民群众的生产劳动积极性，各种社会资源得到比较有效、合理的配置，经济发展取得了巨大的成就。可见，制度创新这种文化的软力量，能为经济社会的高速、持续发展提供不竭的动力。

（五）消费文化是经济发展的强大拉力

从经济学上说，直接推动经济发展有两股基本力量，一是投资需求的推力，二是消费需求的拉力。无论是世界还是中国，在市场供应大于市场需求的今天，刺激消费已成为经济发展的重要手段。提高社会消费水平主要是增加低收入阶层的消费能力和改善社会的消费结构。从国际经验看，当一个国家或地区的人均GDP达到3000美元以上，人民生活水平走向小康以上的阶段时，社会对文化的需求就会急速增长。这种消费需求的新变化，一方面要求社会生产出更多的文化产品去满足人们日益增长的文化、精神需要；另一方面也要求物质产品中的文化含量不断提高，以提升产品的档次和文化品位。消费结构的新变化，开拓了经济发展的巨大空间，是今后经济发展的新增长点。

"体验经济"正是社会经济发展到现阶段和消费结构发生变化所出现的一种新经济形态。体验经济的一个基本定论：价值是由消费者来确定的。消费者在购买商品和服务的过程中，通过生理的、情感的、智力的和精神的层面去感受它的价值。每个人这种体验能力的大小，越来越受到文化环境和文化修养的支配。优秀企业今后能够长久发展，不再只是仅仅依靠规模化、标准化的生产和削价竞争，而是转变到为客人提供一种置身其中并难以忘怀的体验，从而大大提升产品的附加值。在我国衣、食、住、行、玩的基本消费中，也在不断加大文化的含量。文化消费正是有待发掘的巨大经济潜能。

（六）品牌文化已成为今天市场开拓和利益获取的最大效力

品牌是企业的文化标识，是经济文化化的重要体现。它包含着企业的经营理念、人才素质、管理制度、技术质量、服务水平、形象宣传等深刻的文化内涵。也可以说，没有企业的独特文化，就没有企业的品牌。

当今，国际市场竞争已跨越了产品竞争阶段，进入了品牌竞争时代。品牌是企业综合竞争力的突出表现，是一个国家和地区经济实力和国际竞争力的象征。尤其在中国加入 WTO 后，名牌战略的思考和定位将成为中国经济持续发展的重大课题。在经济全球化的大背景下，企业尤其是跨国大企业，依托自身的品牌优势去抢占市场，"品牌经济"已成为现代经济的一个基本特征。去年，全球品牌管理咨询公司与美国《商业周刊》合作，公布了全球 100 个最有价值的品牌，每个品牌的价值均超过 10 亿美元。这些国内外产品的高溢价能力，很大程度上就取决于企业的品牌溢价能力。增大企业的文化投入，创造品牌的无形资产，无疑是企业在激烈市场竞争中的一个致胜法宝。

（七）文化产业正成为知识经济时代的一个产业主力

以往我们一直认为，文化是隶属于宣传、文化行政部门的事情，如果说与经济有某些关联，也不过是经济的一个小小附庸，诸如"文化搭台，经济唱戏"之类。现在从世界范围来观察，在信息化浪潮的冲击下，高新技术尤其是数字化、网络化的运用，使文化产品的生产效率越来越高，文化的传播力越来越大，文化的覆盖面越来越广，文化不仅仅是一种"软实力"，同时也是一种"硬实力"。外国资料显示，美国文化产业的视听产品出口额仅次于航空业和食品业，英国的文化产业年产值只排在汽车工业之后，日本更超过汽车工业占据首位。当前，全球经济结构正进入一个大调整期，未来生产向着品质化、趣味化、环保化、精神化、经验化等方面发展，文化成为一个最强大的产业形态。文化产业的异军崛起，将为世界带来全新的面貌和体验，文化在经济的舞台上已不只是配角，更要担当日趋活跃的一个主角。

在我国，随着市场经济体制改革的深化，文化作为一种产业功能也逐步从行政体制中分离出来，并运用市场机制，实现文化的社会化大生产，纳入产业发展的轨道。今后的发展方向，一方面要扩大文化改革开放的领域，另一方面要加强文化产业的整合力度和投入力度，使其在市场竞争中壮大起来。

从文化发展的趋势中，我们可以看到，文化在保持意识形态属性的同时，其产业属性越来越明显；文化在生产和服务的过程中，将逐步发展成知识经济时代的支柱产业，成为世界经济新增长的广阔市场。

二、科技与经济

科学技术对社会经济发展有巨大的、深刻的、全面的影响。近半个世纪以来，随着科学技术突飞猛进的发展和科技成果的广泛应用，不仅社会生产力以前所未有的速度发展，而且科学技术已渗透到社会生活的各个领域，给社会经济与生活以深刻的、全方位的影响。

科学技术的每一次重大突破所产生的影响决不仅仅局限于产业部门内部，相反它将波及社会每一个角落。时下离我们最近的是计算机信息技术进步的例子，它已经彻底地改变了今天的世界，给社会各行各业带来空前的机遇，同时也提出全新的挑战。

科学技术对社会的影响以积极影响为主，影响"利大于弊"。

科学技术主要以两种方式对社会发生作用和影响。一是作为"第一生产力"，科学技术是提高经济效益的决定性因素，是促进人类物质文明建设的重要因素；二是科学技术通过科学思想影响社会。

（一）科学技术是现代生产力取得突破性进展和促进经济发展的强大动力，并决定着未来生产力的发展状况。

1. 科学技术成为生产力诸要素的主导要素，成为决定生产力发展的第一要素。

科学技术放大了生产力各要素：生产力＝科学技术（劳动力＋劳动工具＋劳动对象＋生产管理）

（1）科学化的劳动者所具有的能力，远远超过普通人的能力，会创造出更多的使用价值；

（2）先进的劳动工具对生产力的发展起巨大的作用；

（3）随着科技的进步，新材料已成为重要的劳动对象；

（4）管理也是生产力，现代管理极大地依赖先进的科学技术。

2. 现代科学技术的明显超前性，是科学技术成为第一生产力的客观依据。

本世纪前，是按照"生产—技术—科学"的顺序发展的；在当代，是按照"科学—技术—生产"的顺序发展。如运用相对论及原子核裂变原理形成和发展了核技术，促进了原子能在军事、发电等方面的应用。

3. 科学技术已成为现代经济发展中最主要的驱动力。

（1）产业高层次化，科学技术的贡献超过劳动力和资本，已成为第一生产力；

（2）产品科技含量高密化（如软件）；

（3）科技应用于生产的周期大为缩短。

4．高科技及其产业的崛起和发展，是第一生产力的重要体现。

（1）高科技及其产业是当代经济发展的火车头；

（2）发展高科技及其产业已经成为一股世界性潮流；

（二）科学技术从根本上改善着人类的生活方式和生存环境，使人们能获得更多、更丰富多彩的物质和精神享受，提高了人类的生活质量和生活水平。食、衣、住、行各方面的物质生活更丰盛。

（三）科学技术从根本上改变了社会结构，包括产业结构、权力结构、生产结构、就业结构和人际关系结构。

1．产业结构将发生重大的变化，信息产业已成为主导产业；

2．生物技术的突破正在酝酿新的主导产业；

3．技术创新能力成为国际市场竞争中决定性的因素；

4．在激烈的技术创新能力竞争中，企业组织结构经历新的调整；

5．高新技术的发展强烈影响国家安全的观念和格局；

6．人类生产、工作和生产方式正在经历深刻的变革。

（四）科学技术极大地扩展了人类活动的范围，增强了人类的多种能力，其中包括对人类发展有害的能力

1．人类的活动范围扩大，如世界村的形成；

2. 科学技术是一柄"双刃剑"。科技发展失调给又人类造成危害：（1）科技负功能的危害（如 DDT 农药的大量使用，对人和生物产生了持久的毒化作用）；（2）对科技管理失控的危害（如核电站事故会对人体健康、生态环境产生严重影响）；（3）高技术犯罪（如计算机网络已被用来犯罪）；（4）科技发展及应用引起的生命、资源/环境、信息/网络、空间等重要的科技领域中的伦理问题。

（五）科学技术进步还促进人们的价值观念与思维方式的改变。

科学技术对社会发展的主要贡献在经济方面，信息技术、生物技术、纳米技术、材料技术、氢能技术，将造就一个又一个的经济高增长，推动着整个 21 世纪世界经济的持续发展。

三、信息技术对全球经济的影响

信息技术是现代世界经济中最新颖、最独特的力量。在人类历史上，还从未有过这样一个时代，一种新的技术浪潮一旦出现，就如此急速地在全世界范围内展开，如此大幅度地提高了全球的生产力，如此广泛地改变着人类社会发展的面貌。但历史上曾有过这样的时代，代表新时代的技术革命在蓬勃发展时期，总是无可避免地导致与其他时代不同的政治、经济和社会后果。

（一）世界信息技术与信息产业发展的基本特征

20 世纪 90 年代以来，网络时代的来临引发了新的信息革命。

特别是随着经济全球化的进一步发展，以微电子、计算机、通信和网络技术为代表的信息技术，成为人类社会进步过程中发展最快、渗透性最强、应用最广的关键技术。微电子技术发展越来越快，芯片的运算能力和性能价格比呈几何级数增长，功能日益强大。软件技术迅猛发展，成倍地扩大了信息技术的应用范围和功能。宽带移动通信、卫星通信技术等也取得突破性进展。IP 技术及其他网络技术的发展，使网上信息流量的增长每 9 个月就翻一番。通信技术与计算机技术的融合，促使数字化电子信息产品不断涌现，传统电信网也开始向新一代综合信息网演进。

信息技术正影响和改变着人们生产和生活方式，甚至思想观念，成为现代经济发展的重要推动力量。建立在信息技术基础上的信息产业已成为全球经济中融合度最高、潜力最大、增长最快的领域之一，在国民经济发展中占有举足轻重的地位，成为世界各国国民经济重要的基础设施和支柱产业。信息产业的发展水平不仅是社会物质生产、文化进步的基本要素和必备条件，也是衡量一个国家的综合国力、国际竞争力和发展水平的重要标志。

纵观而言，当前世界信息产业发展的特点主要表现为以下几个方面：

1. 产业规模大，增长速度快。据德国有关部门统计，1997～2000年间，信息与通信技术在全球范围内的市场经济总量增长了50％，达到20120亿欧元。与此同时，欧洲区域内的这一总额增至5760亿欧元，占全球29％。如果按照每年平均15％的增长速度推算，信息产业未来将逐步超越第一、第二产业，在各国经济发展中占据更加突出的地位。

2. 国际化与多极化。随着各国在信息技术领域里的竞争不断深化，使世界信息产业发展格局由美、日、欧发达国家一统天下的格局逐步演变为美国、欧洲、日本、亚洲等国互为竞争对手的多极化发展格局。尤其是一些发展中国家和地区，也将逐步在国际信息产业界占有一席之地。比较突出的是印度、韩国、新加坡及中国大陆和台湾、香港地区。同时，由于各国经济发展进入了区域化、集团化和国际化的时代，世界各国、企业集团和信息机构都在不断完善其遍布全球的信息网络，将信息迅速在全球范围内进行输入、输出，信息产业走上了立体多维的国际大舞台。

3. 数字化与网络化。以计算机技术、通信技术为代表的信息技术近年来取得了令人瞩目的发展，具有高度数字化、智能化的综合业务数字通讯网络将成为信息产业技术发展的总趋势，网络技术的出现改变了信息技术的内涵。自1993年美国宣布实施其"信息高速公路"建设计划以来，世界各国都纷纷制定了本国的"信息高速公路"建设计划。"信息高速公路"建设计划已成功地带动了信息产业的发展，而且这种牵引力作用将越来越大。

4. 关联性与带动性。信息产业具有关联性、感应性和带动性极强的特点，信息技术的发展催生了一批新兴产业，带动了微电子、软件、计算机、通信、网络、激光、超导等关联产业的发展，加速着生物工程与生命科学、新材料与能源、航空航天等高新技术产业的成长，并促进光学电子、汽车电子、航空电子等产业的兴起。

5. 政府主导性。在高度信息经济时代，作为战略性产业的信息产业的发展水平，在很大程度上决定了一国能否在世界科技、经济竞争中占据有利地位，因而各国政府高度重视信息产业的发展，努力为本国信息产业的发展提供良好的环境支持；同时，要克服信息服务领域"弱肉强食"的无政府状况以及由此导致的"信息市场的失灵"，就必须借助于政府部门的权威性管理行为，这就决定了政府部门在未来信息产业发展中的特殊地位。

（二）世界信息技术与信息产业发展的新趋势

从信息产业的体制、技术和市场层面上，可以将世界信息产业的发展潮流概括为以下五个方面：

1. 政府推动，市场运作。从信息产业的发展历程来看，各国政府在信息产业发展的过程中都发挥了重要作用。但政府作用并不等于一味管制，只有借助于市场力量，才能更好地推动信息产业的发展。过去一些年来，美国、日本等西方发达国家在政府政策和法规方面均有较大的调整，取消了许多传统经济时代的管制措施，改革了旧的管理体制。尤其是进入 20 世纪 90 年代后，世界电信业的发展风起云涌，千变万化，电信改革的大潮冲击着世界各国传统的电信产业，世界电信产业的面貌为之焕然一新。

2. 数字化与标准化。计算机的出现是信息数字化时代的开始。数字化实质上是计算机技术在信息领域的全面应用，在信息产业发展上是一次划时代的革命。随着数字化技术的发明与广泛运用，当代信息技术得以在二进制数字化基础上统一了文字、声音、图像、图表和动画等传统的异质信息，采用统一的数码传输、交换和分配方式，打破了传统信息传播和服务市场的业务分割，从而给信息产业带来了巨大的发展机遇。目前各种传媒的信息表达均在向数字化方向发展，使计算机、通信和影视等传媒在二进制上聚合。特别是 20 世纪 90 年代后，数字化和网络化又相互促动，并在此带动下，各种新型媒体相继问世，给人们的学习、工作和生活带来了快捷与便利，也给信息产业的发展带来了巨大的市场空间。

在以计算机网络为核心的社会信息化进程中，标准化是促进其发展的重要基础因素。如果没有协调、可靠的标准，很难想像世界范围内使用的不同操作系统、不同语言及不同标准的计算机网络能在一起互联、互通。信息技术标准化是推广普及信息技术的前提，是信息技术产业组织生产的重要法规。信息技术标准涵盖信息技术开发与创新、产品生产与销售的全过程，它是各个方面利益的集中体现和综合平衡的结果。信息产业需求是制定标准的基础，信息技术创新研究成果只有以标准的形式加以肯定和推广，才能更有利于转化。从实质和核心来看，信息技术标准，就是信息技术体系中信息技术的知识产权，信息技术垄断是通过知识产权保护来实现的。由于知识产权具有地域性和排它性，一旦这种标准得到普及，会形成一定程度的垄断，尤其在市场准入方面，它会排斥不符合此标准的产品，从而达到排斥异己的目的。

从国际信息技术标准化现状来看，许多国际组织非常关注和重视这项工作。国际级标准化组织约有 50 余个，其中有关信息技术产品和有关服务的标准的标准化组织或机构主要有：国际标准化组织（ISO）、国际电工委员会（IEC）、国际电信联盟（ITU）等，其中全面从事信息技术标准化工作的是国际标准化组织（ISO）。为了适应飞速发展的信息技术，尽早实现全球信息资源的共享，这三大国际标准化组织已经由分散走向联合，以避免工作上的交叉和竞争。1987 年 ISO 和 IEC 成立了第一联合技术委员会———ISO/IEC – JTC1。目前该技术委员会已发布信息技术标准 1200 项，占 ISO50 年来发布标准总数的 12．5％。国外跨国公司一般都是技术或产品标准的制定者，他们按"技术创新———规模经济———跨国经营"的模式发展，在创新、生产和经营的过程中提出标准，完善标准，并从标准的锁定中获取了高额利润。这一点我们已从英特尔、微软的发展中得到证实。

3．国际化与渗透性。信息产业的国际化趋势越来越明显。出现信息产业国际化潮流的背景主要有两方面：第一，由于世界经济相互依赖增强，市场国际化以及世界贸易中保护主义倾向存在，发达国家信息产业的大企业为打破贸易壁垒、开辟新市场和综合利用资源优势，开始全面实行国际化经营战略。第二，由于发达国家的信息技术市场已经饱和、经济增长缓慢、消费需求多样化、新产品开发竞争日趋激烈、各企业实行跨行业经营，以及发展中国家普遍推行用市场换技术的技术引进战略等，迫使发达国家企业对生产经营进行重大调整。

国际化趋势主要有以下三种表现形式：（1）技术开发的国际化。信息产业领域的众多企业通过许可证贸易、技术合作等途径将企业已发展成熟的技术输出到国外企业中，或通过企业集团内部技术流动方式将国内母公司的技术输出到在国外设立的子公司（合资或独资）中。许多有一定研究开发实力的企业还开始在国外设立研究开发据点，如微软在世界各地建立的研究院。（2）生产销售的国际化。各企业在海外设立销售和生产据点，以当地市场为目标市场进行销售。（3）人才流动的国际化。各国在信息产业领域需要大量训练有素的专业技术人才，而本国的人才资源又无法满足信息产业急剧增长的需要，所以，各企业都将眼光放在国际人才市场上，信息技术专业人才的流动越来越频繁和国际化。

渗透性也是世界信息产业发展的一个潮流，主要表现在信息技术设备制造业之间、信息服务业之间的相互渗透，信息技术设备制造业与信息服务业之间也在互相融合。具体来说，就是通过企业之间的重组和合并来实现业务的相互渗透和融合，尤其表现在全球电信业界并购合作之风盛行。美国1996年新电信法的出台，更加剧了这种趋势。

4. 高倍增与高带动性。信息技术的高倍增化主要取决于信息产品生产过程的低消耗与高产出、高附加值等特点。在信息产品的生产、流通及利用中，大量运用先进的信息技术，会直接或间接地减少生产中的物质与能源消耗。虽然在信息产品生产和服务中又增加了信息资源的投入，但由于信息资源是一种非消耗性资源，可多次重复使用，因而其边际成本是比较低的。同时，信息劳动是智力劳动，而智力劳动是一种高效率、高效益的劳动，有些信息劳动能在一段时间内创造出超过其本身价值多倍的价值。国际电联统计，一个国家对通信建设的投资每增加1%，其人均国民收入可提高3%。信息技术对信息产业及其他产业都有很强的带动性。利用信息技术对传统产业进行改造，可使之重现辉煌。

5. 高投入与高创新性。信息技术的高投入性包含两方面的含义：一是资金的高强度投入。在信息产业领域，技术开发、产品制造的难度日益加大，因而相关的费用是非常巨大的。目前单个公司的力量已难以支持信息技术庞大的资金投入，许多公司往往采取结盟、合资、兼并等办法联合起来，实施某一计划或目标。二是智力的高度投入，信息技术的研究开发需要较高水平的专业技术人员参与，对相关工作人员的知识技能有较高的要求。目前，信息技术已进入了一个加速发展的新时期，它的更新速度是每三年扩充一倍，信息技术专利每年新增30多万件，科研资料的有效寿命平均只有5年。20世纪以来，信息技术领域的几项重大突破，如半导体、计算机、卫星通讯、光导纤维等都体现了信息技术的高度创新性。当今时代，经济的增长与技术创新越来越紧密，发达国家经济增长的40～90%要归功于技术创新。

以上五种潮流中，放松管制是体制层面上的改革；数字化与标准化是技术层面上的变革；国际化与渗透性带来了市场的扩大；高培增与高带动性、高投入与高创新性是信息产业鲜明的特点。它们互相影响、互相渗透，加速了世界信息产业的发展，促进了信息化社会的形成。

（三）信息技术对全球经济的影响

技术与经济之间的关系不是表面的和偶然的，而是本质性的、必要的。信息技术作为现时代最突出的一种技术力量，必然对全球经济产生广泛而深远的影响。

1. 促进了经济全球化的发展。所谓经济全球化，主要是指各国经济的高度开放和国际市场联结为一个共同市场的进程，也可以认为经济全球化是一种新的国际经济关系体制。经济全球化表现在国际经济的各个方面，是当今世界发展的客观进程，是在现代高科技条件下经济社会化和国际化的历史新阶段。进入20世纪90年代初，随着信息技术和信息产业的高速发展，特别是互联网在全球的兴起和应用，经济的全球化呈现加速发展趋势。

经济全球化突出表现在以下几个方面：

一是随着各国计算机信息网络的建设和互联，不论发达国家还是一些发展中国家，都不可避免地被卷入到信息化的世纪风暴中，大大加快了世界经济一体化的进程，促进了国际贸易、国际金融、跨国生产经营和跨国信息交换的发展。

二是从政府、企业、商店、学校、医院到家庭，人类进行生产、管理、流通、科研、教育、医疗、娱乐等各种社会经济活动，都将逐步实现信息化，网络化将成为现实空间。

三是数字化技术为核心的一场新技术变革，使经济与社会的发展对信息技术、信息资源和信息产业的依赖程度越来越大。

2. 带动了全球经济结构的调整。兴起于20世纪80年代的信息技术产业，以其特有的高度创新性、渗透性、倍增性和带动性，不仅能催生一批新兴产业，促进光学电子、汽车电子等边缘产业的发展，而且能通过对传统产业的改造，在提升传统产业过程中拓展自己的发展空间。为此有人把信息产业的发展比作是世界经济结构调整的发动机。

20世纪80年代以后，全球经济结构进入了新一轮以"信息技术为核心的新技术被广泛应用"为特征的结构调整期，出现了美国、日本和欧洲发达国家发展知识密集型产业，新兴工业化国家和地区发展技术密集型产业，而劳动密集型和一般技术密集型产业转向发展中国家的景象。20 世纪 90 年代以来，全球经济结构调整进入深化期。发达国家以高于国民经济增长的速度，发展以信息产业为核心的高新技术产业，使得该产业在国民生产总值中所占比例不断提高，特别是半导体集成电路产业、个人电脑及各种电子计算机及其外部设备产业、光纤通信产业、卫星通信产业、软件及数据库产业、各种信息服务业等，一大批与 IT 技术密切相关的产业迅速发展，在许多国家的产业结构中占有日益增大的比重和日益重要的地位，信息产业成为新的经济增长点，对经济增长的贡献程度明显提高；同时，许多国家加速利用信息技术对传统产业进行改造，造就了一批依靠信息技术支持而面貌一新的产业，美国在 20 世纪 90 年代以来靠信息产业的发展，扭转了传统产业衰退的势头，重新夺回了在半导体、汽车等领域的竞争优势，有利地促进了美国整体竞争力的回升。这场由信息技术引发的全球经济结构调整的浪潮仍在持续，信息技术在其中发挥着决定性作用。

3. 促进了跨国公司的发展。随着信息技术的发展，跨国界的计算机网络和信息高速公路的建立，使电视、电话、计算机连为一体，将整个世界变成了"地球村"，大大缩短了人们在全球范围内进行交流的空间，从而极大地促进了商品、劳务、资本和技术的全球交流。同时，信息技术的飞速发展加快了人们对知识的编码整理，并通过计算机和网络迅速传播，由此更多的人可更廉价地获取知识。知识作为一种市场化的产品，它的扩散转化着其他产品和服务，同时也创造着新的产品市场。信息技术飞速发展，特别是互联网的出现，大大促进了商品、技术和信息，尤其是资本在全球范围内的自由流动和配置，使世界各国经济相互依存、相互影响、使经济全球化程度日益加深，对跨国公司的运营发展产生了巨大的影响，信息产业的这种特点，导致了真正意义上的全球经营（信息获取、战略决策、指挥调度、设计生产、市场营销及财务核算）的出现，环球网络使跨国公司的组织结构、经济利益越出了国界的限制，成为地球村的生产单位，总公司与子公司之间的权利及职能的分配、利益的分享，不仅有利于跨国公司在全球范围内使人才、资金、信息、技术和自然资源有效地结合起来，而且将有利于跨国公司结成广泛的国际联盟，实行分工合作，形成优势互补，使生产经营最优化、经济利益最优化。同时，跨国公司跨越国界去追求利益，使得国民经济的民族性和主权性削弱，超越了政府行为，推动世界经济全球化发展。

4. 带动了劳动生产率的提高。由于电脑硬件和软件、通信设备和服务以及网络技术的不断发展，使各国的知识创新和信息传播的速度大大加快，带动各国经济的不断增长，劳动生产率大大提高。无论是20世纪70年代的日本、80年代的亚洲"四小龙"，还是近年来的中国，信息产业的发展在经济增长中功不可没。IT革命带来的好处是，广大企业可通过利用IT来促进其财务、会计、销售、采购的合理化与简化，改进同交易对象之间的订货、接单以及采购原材料和零部件的过程，提高库存管理与生产管理的效率，降低成本，最终实现劳动生产率和企业经济收益的双成果。计算机的广泛应用，大大提高了工作效率，缩短了生产、制造和销售过程。

据统计，一个运算速度为10万亿次/秒的计算机，其1秒的工作量相当于一个人连续 25 年的工作量。在工业生产中，已广泛应用计算机仿真技术；在企业管理中，利用计算机进行生产调度和管理，可以实现零库存生产，为企业节省大量资金。在交通运输业，运输管理信息系统、调度管理系统和订票系统在铁路、民航、水运及公路交通领域都得到广泛应用。美国 CXS 铁路公司使用运输信息管理系统后，机车节省 30%，人员减少 43%，而运输量却提高 14%，收入提高了 70%。美国联邦捷运公司通过设立网上咨询服务系统，使客户可以随时跟踪快递包裹的运输情况，客户每次查询成本只要 0.1 美元，而传统的人工咨询方式却要花费 7 美元。据美国商务部于 1999 年 6 月的报告，从 1990 年至 1997 年凡积极利用 IT 的产业领域的劳动生产率年均增长 2.4%，而对 IT 利用不够积极的领域劳动生产率年均仅增长 1.1%。

5. 强力拉动各国经济的增长。信息技术产业的发展大大提高了知识创新和技术创新能力，成为推动经济增长的主要动力。IT 革命唤起了对计算机、因特网设备、应用软件以及各种信息服务的巨大需求，促进有线的和无线通信技术及通信网等信息基础设施迅速发展，从而有力地刺激了企业的设备投资，也刺激了个人消费，成为带动经济增长的重要引擎。事实表明，推进 IT 革命比较成功的国家和行业，其经济大多受益匪浅。美国连续 10 年经济持续高速增长，主要得益于信息产业的高速发展。美国商务部发表的《2000 年数字经济》报告指出，信息科技和互联网已成为推动美国经济发展的主力，1995 年至 1999 年生产率不断上升，每年平均上升 2.8%，是 1973 年至 1995 年平均增长率的两倍。其中信息技术产业提供了一半以上的贡献率，信息产业占了国家经济增长的1/3。1999年美国信息产业创造了5240亿美元的收益和新增230万个就业机会，占美国内生产总值的8.3%，就业人数超过970万。信息技术的发展创造了巨大的产业，而信息技术的扩散和应用又创造了巨大的市场，产业与市场的结合带动了国家经济的发展。在过去10年中，世界各国信息设备制造业和服务业的增长率，是相应的国民生产总值增长率的两倍，从而有力地拉动了各国经济的增长。

世界各国都在加快以信息化为重点的经济结构调整。随着经济的持续高速发展，中国在世界政治经济事务中地位越显重要，大规模地推进信息技术和信息产业的发展，对于21世纪中华民族的伟大复兴与和谐社会的建设，必将起到至关重要的作用。

四、事例

美国18世纪著名政治家、科学家富兰克林，参加过独立战争，参加起草独立宣言，代表美国同英国谈判，后签订巴黎和约，曾创办《宾夕法尼亚报》，建立美国第一个公共图书馆。他在研究大气电方面有重要贡献，发明避雷针。著有《自传》

富兰克林自幼酷爱读书。家贫无钱上学，从少年时代起，就独自谋生。常常饿肚子省钱买书读。

某一天，富兰克林在路上看到一位白发老妪，已饿得走不动了。连忙将自己仅有的一块面包送给她。老妪看富兰克林的样子，也是一个穷人，不忍收他的面包。

"你吃吧，我包里有的是。"富兰克林说着拍拍那只装满书籍的背包。

老妪吃着面包，只见富兰克林从背包里抽出一本书，津津有味地读起来。"孩子，你怎么不吃面包啊？"老妪问道。富兰克林笑着回答说："读书的滋味要比面包好多了！"

经济拮据，购书能力有限，他只得经常借书读。他常在晚间向朋友敲门借书，连夜点起一盏灯，专心读书，疲乏了就以冷水浇头提提神，坐下继续阅读完，第二天一早，准时把书还给书主，从不失信。

第二节　终身学习观对教育的影响

一、终身教育的概念

"终身教育"这一术语自 1965 年在联合国教科文组织主持召开的成人教育促进国际会议期间，由联合国教科文组织成人教育局局长法国的保罗·朗格朗正式提出以来，已经在世界各国广泛传播。由于人们对终身教育的认识和理解不一，尚未形成一个得到公认的概念。较为普遍的解释是，从时间上看，教育应贯穿人的一生；从教育形式上看，则应包括正规教育，非正规教育、学校教育和社会教育。

终身教育概念以"生活、终身、教育"三个基本术语为基础，带来了一个学习化的社会，带来了教育观念的变革。

从时间上看，终身教育要求保证每个人"从摇篮到坟墓"的一生连续性的教育过程；

从空间上看，终身教育要求利用学校、家庭、社会机构等一切可用于教育和学习的场所；

从方式上看，终身教育要求灵活运用集体教育、个别教育、面授或远距离教育；

从教育性质上看，终身教育既要求正规的教育与训练，也要求有非正规的学习和提高，既要求人人当先生，也要求人人当学生。

终身教育从纵的方面寻求教育的连续性和衔接性，从横的方面寻求教育的统合性。

终身教育要求打破现行教育制度中的一切已有界限，使人的一生成为受教育的一生，使整个社会成为"教育社会"。在这种社会中，教育体系具有很强的整体性，不仅各级教育并举，而且各类教育兼顾。教育不再局限于那种必须吸收的固定内容，而被视为一种人类发展的进程。在这一进程中，人通过各种经验学会如何表现自己，如何与别人交流，如何探索世界，而且更重要的是学会如何继续不断地——自始至终地——完善他自己，使自己成为一个"完人"。

国际21世纪教育委员会在其向联合国教科文组织提交的《教育——财富蕴藏其中》的报告中，对终身教育这个概念的内涵作了进一步的揭示，终身教育固然要重视使人适应工作和职业需要的作用，然而，这决不意味着人就是经济发展的工具。除了人的工作和职业需要之外，终身教育还应该重视铸造人格、发展个性，使个人潜在的才干和能力得到充分的发展。

二、终身教育的产生背景

（一）新时期社会的、职业的、家庭日常生活的急剧变化，导致人们必须更新知识观念，以获得新的适应力

本世纪 50 年代末 60 年代初，正值技术革新及社会结构发生急剧变化的时期。这一巨大变化不仅表现在生产、流通、消费等领域的经济结构、过程及功能方面，甚至还影响到日常生活方式和普通家庭生活，使之也发生了巨大的变化。人们面对的是全新的和不断变化发展的职业、家庭和社会生活。若要与之适应，人们就必须用新的知识、技能和观念来武装自己。终身教育强调人的一生必须不间断地接受教育和学习，以不断地更新知识，保持应变能力，其理念正好符合时代、社会及个人的需求，因此终身教育理念一经提出，就获得前所未有的重视，就理所当然了。

（二）人们对现实生活及自我实现要求的不断高涨

第二次世界大战后，随着经济条件的改善，人们逐渐从衣食住行的窘境中解脱出来。电子器具的普及，也使人们可以摆脱体力劳动和家务劳动的拖累，现代人也开始拥有更充裕的自由支配时间。外部条件的改善，使人们开始注重精神生活的充实，期望通过个人努力来达到自我完善。要实现高层次、高品质的精神追求，靠一次性的学校教育是难以达到的，只有依靠终身教育的支持才有可能完成。

（三）人们要求对传统学校教育甚至教育体系进行根本的改革，从而期望产生一种全新的教育理念

自近代学校教育制度建立以来，学校在担负培养和塑造年轻一代的责任方面，起到了任何其他社会活动所不能替代的作用。但自 60 年代以来，学校教育的矛盾、弊病也与日俱增。如儿童大量逃学现象、校园暴力、考试竞争的激化、以及学校因竞争造成的差别扩大和偏重学历造成的学校与社会严重脱节等等。这种情况下，人们普遍希望能从根本上对旧有的教育制度进行改革。提倡学校教育、家庭教育和社会教育（成人教育）三者有机结合，教育开放的终身教育必然受到人们的欢迎。

三、终身教育的实践情况

终身教育理论确立以来，受到各国的普遍重视。目前许多国家的政府把终身教育作为本国的教育改革的总目标，努力把终身教育纳入规范化渠道，并以终身教育的原则来改组、设计自己的国民教育体系，试图建立一个从幼儿园到老年大学、从家庭教育到企业教育的全面实施终身教育的终身教育大系统。

（一）制定终身教育的法规

不少国家通过立法，从法律上确立终身教育理论为本国当今和今后教育发展和改革的基本指导思想。如日本在 1988 年设立了终身学习局，并于 1990 年颁布并实施《终身学习振兴整备法》。美国则在联邦教育局内专设了终身教育局，并于 1976 年制定并颁

布了《终身学习法》。法国国民议会在 1971 年制定并通过了一部
比较完善的成人教育法《终身职业教育法》，而且还在 1984 年通
过了新的《职业继续教育法》对一些问题作了补充规定。韩国则
于八十年代初把终身教育写进了宪法，并开始实施终身教育政
策。联邦德国、瑞典、加拿大等许多国家也针对终身教育颁布了
相应的法律。

（二）把成人教育纳入终身教育的大体系中

1976 年内罗毕会议通过了《关于发展成人教育的建议》，建
议提出：成人教育是包含在终身教育总体中的一部分；教育决不
仅限于学校阶段，而应扩大到人生的各个方面，扩大到各种技能
和知识的各个领域。在这种终身教育思想的影响下，各国政府把
成人教育看成推动终身教育进程的先导，高度重视成人教育，通
过制定法律来保障成人教育的发展。1976 年，挪威在世界上第一
个通过成人教育法，把成人教育视为终身学习体制的基础，促进
了成人教育各领域间的协调合作。1982 年韩国制定了社会（成
人）教育法，提出了社会（成人）教育制度化。联邦德国 1973
年通过的教育计划把成人教育列为与普通教育的初、中、高等三
种教育并列的第四种教育。许多国家为了保障成人教育的实施，
采取了许多有效措施，如：在入学条件上采取灵活的政策；带薪
教育休假制度；经济援助；开设成人学分累计课程等。

（三）改变学校的封闭结构，向社会开放

改变学校的封闭结构，形成开放的弹性的教育结构，是各国

推行终身教育中的一个重大的实践。日本在 1995 年召开了由社会各界知名人士组成的"终身学习审议会",会中要求高等教育机构必须向社会敞开大门,广泛吸收在职成人进入高等教育机构学习。日本的成人大学已经被纳入大学计划,一些高级中学还举办开放讲座,使高中向社区开放,发挥学校的文化中心作用。在美国,特别是 60 年代以后,以社区发展为目标的社会学院被大力发展起来,其对成人的开放性达到了几乎没有什么限制的地步。很多大学都成立了大学开放部,开展对"非传统型学生"的教育活动。英国也有开放大学和大学的成人教育部,提供成人教育。在欧洲的许多国家,大学通过公开讲座、成人教育中心、函授等形式为人们提供继续教育和回归教育的机会。

（四）开发各种社会教育渠道

多个国家有意识地把文化组织、社区组织、职业协会和企事业单位部门纳入终身教育系统,充分利用社会各种具有教育力量和教育价值的资源和设施,使教育社会一体化。日本在 1988 年提出了"向终身教育体系过渡"的建议,发展社会教育团体,建立学习信息网,建立家庭、社会、学校教育一体化的终身教育体系,将文化会馆、图书馆、博物馆、活动中心等各种科学文化设施都纳入教育的范畴。美国的监狱、工会、军队、医院等许多非教育性的机构也积极从事成人教育。许多公司也定期向员工提供培训。

虽然,各国在终身教育这个领域都取得了一定的成绩,但总体来看,终身教育在世界各国都还处于实践阶段,现在还没有一个国家真正建立起完整的终身教育制度。

四、终身教育的特点

（一）终身性。这是终身教育最大的特征。它突破了正规学校的框架，把教育看成是个人一生中连续不断的学习过程，是人们在一生中所受到的各种培养的总和，实现了从学前期到老年期的整个教育过程的统一。既包括正规教育，又包括非正规教育。它包括了教育体系的各个阶段和各种形式。

（二）全民性。终身教育的全民性，是指接受终身教育的人包括所有的人，无论男女老幼、贫富差别、种族性别。联合国教科文组织汉堡教育研究员达贝提出终身教育具有民主化的特色，反对教育知识为所谓的精英服务，是具有多种能力的一般民众能平等获得教育机会。而事实上，当今社会中的每一个人，都要学会生存，而要学会生存就离不开终身教育，因为生存发展是时代的主流，会生存必须会学习，这是现代社会给每个人提出的新课题。

（三）广泛性。终身教育既包括家庭教育、学校教育，也包括社会教育。可以这么说，它包括人的各个阶段，是一切时间、一切地点、一切场合和一切方面的教育。终身教育扩大了学习天地，为整个教育事业注入了新的活力。

（四）灵活性和实用性。现代终身具有灵活性，表现在任何需要学习的人，可以随时随地接受任何形式的教育。学习的时间、地点、内容、方式均由个人决定。人们可以根据自己的特点和需要选择最适合自己的学习。

五、终身教育的意义

终身教育的提出和实施，对于当代世界教育改革和发展具有十分重要的意义。

首先，它使教育获得全新的诠释，主张教育应该贯穿于人的一生，彻底改变了过去将人的一生截然划分为学习期和工作期两个阶段的观念。

其次，它促进了教育社会化和学习型社会的建立。改变将学校视为唯一教育机构的陈旧思想，使教育超越了学校教育的局限，从而扩展到人类社会生活的整个空间。

再次，它引发了教育内容和师生关系的革新。教育不是单纯的知识传递，而应贯彻人的全面发展精神，学习者不仅要学习已有的文化，更要培养个人对环境变化的主动适应性。传统的师生关系也将发生根本变化，代之以一种新型的民主的开放式的关系。

最后，它的多元化价值标准，为学习者指出了一条自我发展、自我完善的崭新之路。

六、终身教育的启示

首先中小学教师应该牢牢树立终身教育的思想。终身教育是一种知识更新、知识创新的教育，终身教育的主导思想就是要求每个人必须有能力在自己的一生中利用各种机会，去更新、深化和进一步充实最初获得的知识，使自己适应快速发展的社会。每位教师都必须具备自我发展、自我完善的能力，不断地提高自我素质，不断地接受新的知识和新的技术，不断更新自己的教育观念、专业知识和能力结构，以使自己的教育观念、知识体系和教学方法等跟上时代的变化，提高对教育和学科最新发展的了解。终身学习的能力既是社会发展对人的要求，也是教育变革对教师职业角色提出的要求。设想如果一个老师他自己的思想观念、知识结构从始至终都是一成不变的，他如何能培养出符合社会需要的人材？中小学首先应该抓好对教师的培训，教师自己也需要端正态度，不断进行学习，更新自己的知识体系，培养自己各方面的能力。

其次，中小学教育重要的是要使学生学会学习，掌握学习的方法，树立终身学习的理念。普通中小学教育是打基础的教育，这种基础就包括了终身教育的基础。以往人们把教育分为正规教育和非正规教育，普通教育和成人教育，认为终身教育只是非正规教育或是成人教育的任务。这是很大的误解。终身教育是一种教育理念，体现这种理念的教育体系就是终身教育体系。它贯穿人的一生，包括纵向的一个人从婴儿到老年期各个不同发展阶段所受到的各级各类教育。普通教育不仅要为人的终身学习打好基础，而且同时也负担着继续教育的任务。

七、如何完善终身教育休系

（一）完善终身教育推进体制

1. 终身教育管理机构的设置

建立终身教育体系是一项庞大的社会系统工程，必须有相应的专门机构行使统一规划和管理协调的职责。应成立国家构建终身教育体系委员会，可以由国家领导人出任主任，国家教育、人事、劳动和社会保障、财政、计划、经济、文化、广播电视、新闻出版等有关部、委、局负责人担任委员。委员会决定构建终身教育体系的大政方针及重要问题。下设办公室挂靠教育部，作为委员会的办事机构，负责统一规划、管理协调教育。内部和教育外部的有关实施终身教育体系的具体工作。国家设立了这样的管理机构，省、市（地）、县、乡（镇）各级政府亦相应建立相应机构，自上而下形成一个管理系统。如此，这项工作由专门机构负责，由专人抓，各级政府在制定当地事业发展规划时把发展终身教育作为政府工作的目标之一，才有可能迅捷地将构建终身教育体系的工作落到实处。

2. 进行终身教育的立法

终身教育体系的构建必然而且必须依靠法律法规的强制和规范。因此，终身教育的立法与法治问题就成为左右终身教育体系构建与否的关键因素之一。之所以强调必须通过立法和法治来启动并促进终身教育体系的构建，主要是基于法律法规的强制性和规范性。

尝试建立地方性终身教育法规，以规范和促进当地终身教育的完善和发展；修订现行的有关法律法规，以渗透和补充终身教育的法律法规内容；在"尝试"和"修订"的基础上，订立国家的"终身教育法"，终身教育的推行与终身教育体系的构建必须与国家的发展目标、政策法规相适应，也就是说，国家应从战略发展的高度来规范、约束和指导终身教育的开展。而国家制定一部具有统筹和指导作用的广泛适用的终身教育法则是达成这一目标的具有根本性的战略举措。

制定出终身教育法以后，关键的问题，是严格贯彻执行。这是一个法治问题。为此，需要强调如下几点：(1)严格执法；(2)强制执行（如同义务教育一样）；(3)奖惩有力；(4)激励为主。

3. 完善终身教育服务体系

提供广泛的学习渠道，完善终身教育服务体系；

（1）以社区教育为切入点，建立全方位开放的教育制度，积极构建中国的终身教育体系。

社区教育是市民终身学习的一种教育方式。这是由社区教育的地域性、全员性的特点决定的。社区教育是实现市民终身学习的基本保证。

（2）充分发挥民间教育机构的作用

民间教育组织是推进终身教育必要的中继站和不可缺少的辐射源，在终身教育体系的构建过程中具有不可替代的巨大作用建立自上而下、纵横相连的民间终身教育组织网络，对推动和促进中国终身教育的发展与终身教育体系的构建将起到非常重要的作用。正确规范和引导民间终身教育组织的发展，充分挖掘其潜在的功能。建立民间终身教育组织应有政府的引导和规范，只有如此，才能发挥它们的基层辐射作用和联络桥梁作用。民间终身教育组织自身应采取积极主动措施，切实推进本地终身教育的发展和终身教育体系的建立。由于终身教育体系的建立尚处于摸索和实验阶段，因此，民间终身教育组织应在这方面做出积极的努力，多做一些尝试性的探索。

4. 拓宽经费筹措的渠道

经费是物质基础，没有雄厚资金的支撑是构建不了终身教育体系的。各级财政在确保教育经费三个增长（即各级政府教育财政拨款的增长要高于同级财政经常性收入的增长，在校学生人均教育经费逐步增长，教师工资和学生人均公用经费逐步增长）的基础上，增设适当比例的全民终身教育专项投入。成立全国终身教育发展基金会，吸收民间资金，接受社会组织和个人以及海外友好人士的捐赠。各省、自治区、直辖市及其所辖市地、县（市、区）均可仿效成立类似基金组织。

5. 构建终身教育体系的实施策略

分地区、分步骤实施的策略，构建终身教育体系的实施策略。

从国家发展的战略高度来讲，现阶段中国构建终身教育体系宜采取总体规划。所谓总体规划，是指国家要有一个构建终身教育体系的总体方案或总体目标。这个问题在中国的《教育法》、《中国教育改革和发展纲要》等战略指导文件中已经指出，只要再作必要的细化（如2010年基本建立终身学习体系，那么在2010年之前这段时间应再细化一些，分几个时间段，确立每个时间段的具体目标等），就可制订出既宏观又具体的总体规划。

所谓分地区实施策略，是由中国的具体国情决定的。但由于地域、传统等诸多方面的差异，各地区的发展极不平衡。目前可采取由东向西分片推进的办法解决各地区之间的差异难题。具体可先在东部较发达的地区进行试验试点，待试验成功后先在该地区推行建立终身教育体系；在东部沿海地区大面积推行之时，可在中西部选取条件较好的地区进行试验试点，待东部沿海地区推行建立终身教育体系取得成功之后，再依据其经验并结合当地的试验分别在中西部地区进行推广，以期最终在全国建立终身教育体系。所谓分步骤实施策略，是由终身教育自身的本质特点决定的。终身教育是贯穿人的一生的社会实践活动，它有两个显著的特征：终身性、全员性。终身性是指终身教育是从人的生命开始到人的生命结束的全过程教育，包括胎儿教育、婴幼儿教育、青少年教育、成人教育、老年教育等。全员性是指终身教育是面向全体社会成员而不是某一个人或某一部分人的教育：

（1）全国要制定分步骤实行的战略指导方针，具体规定在某一段时间内应完成或达到的目标；各地要根据国家的指导方针，结合本地情况制定相应的分步实施对策。

（2）作为分步实施的必要环节，应有选择地进行试点，做到由点到面，以点带面，最后实现普及。

（3）分步骤实施应遵循先易后难的原则，先从简单的比较容易解决的问题入手，在条件较好的地区推行，逐渐过渡到难度较大的问题和条件较差的地区。

（4）分步实施还应坚持先建立后完善的指导思想，在起始阶段不应求全责备、过分追求完美，而应当采取实事求是的态度，先建立后完善、先普及后提高。

八、终身教育体系的主要内容

终身教育体系的建立，是教育自身发展的必然选择，包括两方面的内容：

一方面是通过社会组织，建立各种教育机构，提供各种教育的场所和机会，建立和架构一个使学习者能够终身受到教育的体系，最大限度地创造学习的条件，使人们在不同阶段和不同层次的各种学习需求的实现得以保障。

另一方面是促进个人的终身学习，使每一个社会成员在一生中能持续地学习，以满足其在一生中各个时期各个阶段的各种学习需求。

九、终身教育体系的学习内容

（一）变革学习理念，由一次性的学习过程改为"终身学习"，"处处学习"，"学习工作化，工作学习化"，"团队学习"，"研究式学习"，"反思式学习"，让学习成为团体和成员个人的生存状态和发展模式。

（二）发掘学习潜能，并把这种潜能当作稀缺资源进行整合。

（三）通过创建学习型组织唤醒成员的学习意识，培植团队的学习意识。

（四）提供学习保障，引导学习行为，校正学习方式，确保学有所用；健全学习网络，确保学有所得；创新学习载体，提高学习成效，确保学有所获。

（五）创新学习模式，注入学习活力。把学习的绩效与需求紧密地结合起来，使学习成为生存的前提和发展的动力。

十、终身教育体系的意义

上世纪中叶，民主化作为一种泛社会性的潮流和趋势，弥漫于政治、经济领域，教育领域也受到巨大的冲击，教育民主化的需求日益成为社会的群体性呼声。从教育民主化的内涵来看，主要包括教育权利平等、教育机会均等，以及教育过程和教育结果平等，而教育机会均等是现代教育民主化的核心所在。

为实现教育民主化，学校系统作出了巨大的努力，但非民主化的教育现象仍比比皆是：弱势群体的受教育机会相对较少，一次性教育产生的"落伍者""失败者"屡见不鲜……这些现象的存在无疑为教育民主化蒙上了阴影。在朗格朗看来，仅依靠学校内部改革来实现教育的平等是不可能的，必须拓展空间，发动社会各方面的力量，延长教育的期限，从而提供多元化的教育形式。因此，通过终身教育的模式可以实现和满足教育民主化的需求，拓深教育民主化的内容和层次。

首先，终身教育思想本身隐含了教育民主与平等的要求。不同于传统教育的对象仅限于儿童、青少年，终身教育面向全体人员，不论其性别、年龄、职业等背景，都是接受教育、学习的对象。这种新的思想实际上就向社会提出了更高的要求，即教育要实现民主与平等，使人人受教育、人人皆学习。作为终身教育的"火车头"的成人教育最突出体现了教育对象的广泛性，其丰富的教育内容、灵活的教育形式也促使了教育民主化的发展。

其次，朗格朗的终身教育涵盖各级各类教育，由此拓宽了人们学习、训练、进修的活动空间，使民主原则能落实在教育上，实现了教育上的机会均等。不论是从人生不同发展阶段的纵向角度，还是从不同类型的社会生活的横向角度来看，终身教育都为人的发展提供了广阔的前景。在纵向上，学前教育、初等教育、中等教育、高等教育相互衔接，前一级教育是后一级教育的基础，后一级教育是前一级教育的自然延伸。在横向上，重新调配教育资源，使普通教育、职业教育、成人教育相互沟通与渗透，正规教育与非正规教育相互补充，学校、家庭和社会教育紧密结合，相辅相成。学习者可以在人生的各个阶段，选择最适合自己的时间、地点和方法，进行连续的、统整的学习活动。譬如，早年没有机会上学或因传统选拔制度惨遭淘汰的个体，可以通过扫盲计划、校外职业训练、进修等方式接受教育。

在 1996 年联合国教科文组织成立 50 周年之际，"国际 21 世纪教育委员会"提交的题为《教育——财富蕴藏其中》的报告指出："一般来说，机会均等原则对所有致力于逐步确立终身教育各个方面的人来说是一项重要标准。这一原则符合民主的要求。因此，它正式体现在灵活的教育方法中是正确的。通过这些方法，可以说社会从一开始就担保在每个人的一生中，为其提供均等的就学和随后培训的机会，不管他受教育的道路是多么迂回曲折。"由此可见，教育民主或教育平等始终是终身教育的一项基本准则，终身教育对于实现教育民主具有重要作用，朗格朗所构筑的终身教育体系具有时代价值和意义。

十一、事例

念小学六年级的时候，我是一个很不显眼的小女孩，老师和同学们很少有人注意我。那时，成绩平平的我好想有个机会能一鸣惊人。期末考试到了。下午，我无意间发现班主任把已印制好的期末语文试卷带进教室后面的办公室。"如果能实现得到一张考试的试卷，我将能让老师和同学们对我刮目相看！"这想法不仅使我耳热心跳。

黄昏时，校园里静悄悄的。可我走在校园里却不像平时那么自然，总觉得有很多眼睛在看着我。推门进去的一瞬间，我的心开始猛地撞击我的胸膛。我笨手笨脚地打开办公室的窗户，跳进去时地板被踩得很响，我蹲在那憋住气一动也不敢动。良久，发现无异常情况，我才开始找试卷。

"笃笃，笃笃……"这时有人敲门。这敲门声无异于平地响起一阵炸雷。我无处可逃，又无法面对接下来将要发生的一切。惊慌失措的我只好徒劳地用双手抱住脑袋，钻到桌子下面的角落里，缩成一团。那持续的越来越急的敲门声像把抛向我的利剑，折磨着我本来已不堪一击的神经。

敲门声终于停了，同时，我的恐惧也达到了极点，因为那人已从窗户爬了进来，并很快地拉亮了电灯。我绝望了，哆哆嗦嗦地站起来，依然用双手紧紧地把脸藏起来顽强地守护着自己最后的一点可怜的自尊。那人一直保持沉默，并没有像预先想象的那样走过来拉下我的手，看清我的面目。不知过了多久，我渐渐平静下来，那人才开始说话。

"小姑娘，你在这学校念书？"我点点头。从他的声音，我听出是教我们美术的男老师。他是一位上课生动幽默的极其年轻的教师。他就住在楼下，一定是听到了那重重的一跳，才跑上来瞧的。

"你不要露出你的脸，也不要说话。你回答我的问题用点头或摇头就行。你来这里是想找一件你想要的东西吗？"我点点头。"这东西属于你吗?"我摇摇头。"不属于我们的东西不管他价值如何,我们都不应该拿走,对不对?"我又点点头。"记住我的话,你走吧,小姑娘,明天你上学的时候,依然是个天真可爱的孩子。"我缓缓地走出门去,感觉到背上温暖的目光。我禁不住眼泪夺眶而出。是感激?是悔恨?还是兼而有之?

事过时迁,星移斗转。多年前那个想一鸣惊人而去偷看试卷的女孩,现在已回到母校"为人师表,传道授业"了,每当独坐窗前,想起当年把我那一不小心摔碎在地上的自尊心轻轻捧起,又温柔地交给我的那位上课生动幽默的美术老师时,我总是一如既往地被感动着、感动着。

第三节　与时俱进、科学发展

一、与时俱进的精神实质

(一) 主要观点

把与时俱进确立为党的思想路线的内容,使党的思想路线呈现鲜明的时代性。它昭示全党,把中国特色社会主义事业全面推向前进,必须把握时代变化,紧跟时代步伐,始终站在时代前列。

坚持党的思想路线,解放思想、实事求是、与时俱进,本质就是要以创新的精神和科学的态度去认识、把握和遵循事物发展的客观规律。

与时俱进强化了解放思想、实事求是的创新内涵，反映了时代的发展变化对党的全部理论和工作要富于创造性的新要求。

全面把握与时俱进的精神实质，必须弄清楚与时俱进与解放思想、实事求是的辩证统一关系，进而弄清楚体现时代性、把握规律性、富于创造性之间的内在联系。

江泽民同志在党的十六大报告中指出："坚持党的思想路线，解放思想、实事求是、与时俱进，是我们党坚持先进性和增强创造力的决定性因素。与时俱进，就是党的全部理论和工作要体现时代性，把握规律性，富于创造性。"这一重要论断，不仅丰富了党的思想路线的内涵，从党的思想路线的高度进一步强调了弘扬与时俱进精神的极端重要性，而且对什么是与时俱进、如何做到与时俱进作出了精辟论述，提出了明确要求。这对于我们全面把握与时俱进的科学内涵和精神实质，坚持时代性、规律性、创造性的统一，具有重要的指导意义。

（二）始终站在时代潮流的前头

与时俱进是一个以时代特征为基础的动态概念。在解放思想、实事求是的基础上，把与时俱进确立为党的思想路线的内容，使党的思想路线呈现鲜明的时代性。它昭示全党，把中国特色社会主义事业全面推向前进，必须把握时代变化，紧跟时代步伐，始终站在时代前列。

当今世界正在发生深刻变化。中国经过 20 多年的改革开放，步入全面建设小康社会、加快推进社会主义现代化建设的新的发展阶段，经济、政治、文化和社会生活的各方面都出现了许多新情况、新问题。经过80多年的发展，我们党所处的地位和环境，所肩负的任务，党员队伍的情况，也都有了很大改变。当今国际国内的这些变化，要求我们必须用更加深邃的历史眼光和更加宽广的世界视野，深刻认识和把握时代的发展要求和根本趋势，不断研究新情况，解决新问题，形成新认识，开辟新境界。只有这样，党的全部理论和工作才能体现时代性。只有充分体现时代性，才能始终坚持党的先进性。如果看不到这些变化，不能始终站在时代前列和实践前沿，党的思想理论就不能发展，党的事业就不能前进，党就有丧失先进性和领导资格的危险，甚至会被时代淘汰。

与时俱进，体现时代性，根本在于全面贯彻"三个代表"重要思想。"三个代表"重要思想，把党的建设同当今世界先进生产力和人类文明进步的发展方向联系起来，同党在社会主义初级阶段承担的历史任务联系起来，同中华民族在21世纪实现现代化的奋斗目标联系起来，与时代脉搏紧紧相扣，与时代发展息息相通，完整地体现了党走在时代前列的内涵和要求，是时代精神最集中的体现。只要我们以"三个代表"重要思想为指导，扎扎实实地把各项工作搞好，就一定能够在解决时代性课题的进程中不断开拓前进。

（三）全面把握事物发展的客观规律

与时俱进，作为党的思想路线的内容，既从马克思主义的发展规律和时代要求的角度体现了对解放思想、实事求是的发展，又从解放思想、实事求是中获得了本质的规定性。坚持党的思想路线，解放思想、实事求是、与时俱进，其本质就是要以创新的精神和科学的态度去认识、把握和遵循事物发展的客观规律。

民主革命时期，毛泽东同志在与党内的主观主义、教条主义作斗争的过程中，提出并科学地阐述了实事求是的思想路线。他说："'实事'就是客观存在着的一切事物，'是'就是客观事物的内部联系，即规律性，'求'就是我们去研究。"实事求是，要求我们研究和把握事物的内在本质及其规律，并按照事物的本来面目和内在规律去认识和改造世界。"文化大革命"结束后，邓小平同志带领全党重新确立了党的实事求是的思想路线，并赋予这一思想路线"解放思想"的时代内涵，提出坚持实事求是首先要解放思想，同时强调解放思想必须以实事求是为根据和目的，从而把解放思想与实事求是有机地统一到思想符合实际、主观符合客观、一切从实际出发、按客观规律办事的精神实质上来。江泽民同志从迅速发展变化的时代特征出发，强调必须使全党始终保持与时俱进的精神状态，并在"解放思想、实事求是"之后加上了"与时俱进"。将与时俱进确立为党的思想路线的内容，具有重大的理论与实践意义。与时俱进的提出，具有鲜明的时代性。我们所处的时代是世界与中国正在发生广泛而深刻变化的时代，我们只有立于时代的潮头，与时俱进，才能视野更开阔，思想更解放，思想和行动才能更加符合不断发展变化的客观实际，更加符合社会主义初级阶段的国情和时代发展的要求，更加符合客观规律。

与时俱进，把握规律性，是对党全部理论和工作的一个总体要求。在当今时代和当代中国，与时俱进，把握规律性，集中起来就是，要站在时代的制高点上，不断深化对共产党执政规律、社会主义建设规律和人类社会发展规律的认识，以指导党的建设和社会主义现代化建设的实践。

（四）不断推动理论创新和实践创新

解放思想，激发主体的活力，以积极、能动、进取的姿态去研究新情况，解决新问题，体现着创新的精神。实事求是，以"求"为中介，从"实事"到"是"，超越事物的现象状态，把握事物的本质和规律，内含着创新的要求。与时俱进则强化了解放思想、实事求是的创新内涵，反映了时代的发展变化对党的全部理论和工作要富于创造性的新要求。

江泽民同志在十六大报告中再次强调，创新是一个民族进步的灵魂，是一个国家兴旺发达的不竭动力，也是一个政党永葆生机的源泉，从而进一步阐明了创新的极端重要性。在世界多极化和经济全球化趋势在曲折中发展、科技进步日新月异、综合国力竞争日趋激烈的国际大背景下，我国正处于从传统农业社会向工业社会和信息社会转型，从计划经济体制向社会主义市场经济体制转轨，从粗放型增长方式向集约型增长方式转变，从以"引进来"为重点的开放战略向坚持"引进来"和"走出去"相结合的开放战略转移的交汇点上。面对这样复杂深刻的历史性大转折，理论创新和实践创新的任务极为紧迫和艰巨。我们必须弘扬与时俱进的精神，不断推进理论创新，进而通过理论创新推动实践创新，使党的全部理论和工作富于创造性，充满生机和活力。

与时俱进，富于创造性，是与教条主义、本本主义、主观主义、因循守旧等思想方法和思想作风相对立的。由于复杂的社会历史原因，长期以来，有些人对马克思主义持教条主义、本本主义的态度，不顾时间、地点和时代条件的变化，把马克思主义经典作家在特定条件下做出的个别结论当作亘古不变的终极真理照抄照搬。还有的党员干部，不注重汲取群众创造的新鲜经验，思想脱离实际，习惯于单凭老办法想问题、做工作，缺乏主动性和创造性，随意性和片面性严重。诸如此类的现象警示我们，与时俱进，富于创造性，首先必须进一步解放思想，自觉转变思想作风，把思想认识从那些不合时宜的观念、做法和体制的束缚中解放出来，从对马克思主义错误的和教条式的理解中解放出来，从主观主义和形而上学的桎梏中解放出来。只有这样，才能冲破各种落后的条条框框和旧的思想观念的藩篱，开拓创造性思维和创造性实践的新天地。

与时俱进，开拓创新，是一种艰苦的创造性活动。它要求我们，一方面必须具有强烈的创新意识和不畏艰险的创新勇气；另一方面必须具备创造性思维和创造性实践所需的理论功底、知识水平和分析解决问题的实际能力。要使党的全部理论和工作富于创造性，必须建立创新的机制，既包括有利于创新的激励机制，也包括有利于创新的用人机制。同时，还必须努力营造有利于创新的环境和氛围，真正在全党和全社会形成认真学习的风气、民主讨论的风气、积极探索的风气和求真务实的风气。

（五）深刻领会与时俱进与解放思想、实事求是的辩证统一关系

解放思想、实事求是、与时俱进，是一个思想内涵丰富、理论形态完备的有机统一体。全面把握与时俱进的精神实质，必须弄清楚与时俱进与解放思想、实事求是的辩证统一关系，进而弄清楚体现时代性、把握规律性、富于创造性之间的内在联系，以增强全面贯彻党的思想路线的自觉性。

解放思想是实事求是的前提和条件，只有解放思想，才能实事求是。同时，解放思想也是与时俱进的前提和条件。坚持与时俱进，必须破除前进道路上错误思想和陈腐观念的障碍，最好的武器就是解放思想。反过来，只有保持与时俱进的精神状态，站在时代的前列，才会有深远的历史眼光和宽阔的世界视野，才会有思想的真正解放。与时俱进与解放思想互相依存、互为条件。如同解放思想一样，与时俱进也是实事求是的前提和条件。实事求是的首要前提是从客观实际出发。客观实际是不断变化的，只有与时俱进，才能跟上发展的时代，才能符合变化的实际。

实事求是是解放思想的根据和目的，也是与时俱进的根据和目的。与时俱进从外在表现上看是顺乎历史潮流，反映时代精神，其实质则是从不断变化的实际出发，探求和揭示客观事物的新属性、新联系、新规律，以有效地认识世界和改造世界。离开了实事求是，与时俱进就失去了前进的方向和目标。反过来，与时俱进又是实事求是的实践目的。与时俱进既是一种精神状态、一种方法论，又是一个实践的范畴。人们所做的一切工作都是为了解决问题，有所创造，有所前进，实事求是也不例外。从这个意义上说，与时俱进贯彻到理论创新上将结出实事求是的思想成果，落实到实际工作中则是实现实事求是的实践价值。因此，与时俱进与实事求是又是一种互为条件和目的的关系。

弄清楚与时俱进与解放思想、实事求是的关系，我们在理论工作和实际工作中，一方面要以更加宽广的眼光观察当代社会，以与时俱进和奋发有为的精神状态开展工作，不断推进理论创新和实践创新，体现时代性，富于创造性；另一方面，与时俱进不是盲目冒进，体现时代性不是贴标签，富于创造性不是一味地标新立异，而必须把大胆探索的精神和求真务实的态度结合起来，把勇于创新和善于创新结合起来，把时代性、规律性、创造性统一起来，扎实有效地把各项工作推向前进。

二、与时俱进的重要意义

与时俱进是对党的思想路线的丰富和发展，是《文选》的哲学基础和理论精髓。面对党的历史方位变化，我们党究竟怎样才能做到"三个代表"？江泽民同志的回答是，关键在坚持与时俱进。与时俱进，就是使党的全部理论和工作体现时代性、把握规律性、富于创造性。江泽民同志指出，坚持党的思想路线，解放思想、实事求是、与时俱进，是我们党坚持先进性和增强创造力的决定性因素。能否始终做到与时俱进，从根本上决定着我们党能否做到"三个代表"，进而决定着党和国家的前途命运。与时俱进的关键在于理论创新，为此，必须适应实践的要求，以实践来检验一切，坚持"三个解放出来"，用发展着的马克思主义指导新的实践。

党的十六大报告明确指出："坚持党的思想路线，解放思想、实事求是、与时俱进，是我们党坚持先进性和增强创造力的决定性因素。"这就从内涵上丰富和发展了党的思想路线。在世情、国情和党情发生重大变化的今天，在充满机遇和挑战的新世纪，把与时俱进确立为党的思想路线的重要内容，具有重要的实践意义。

与时俱进更加突出了思想路线的进取性。与时俱进昭示和要求人们要有一种时不我待、不进则退的紧迫感，一种深切的历史忧患意识，一种昂扬向上、奋发有为的精神状态，一种不甘落后、奋起直追、实现民族复兴的雄心壮志和能力。唯有坚持与时俱进，才能使我们党永葆先进性，带领全国人民实现全面建设小康社会的目标。

与时俱进更加突出了思想路线的时代性。与时俱进昭示和要求党的理论和人们的认识要跟上社会的进步和时代的发展，不仅要与时代同步，正确反映时代的主题和本质，更要具有一定的前瞻性，认清并把握时代和世界发展的大趋势，进而始终站在时代发展和世界潮流的前列，否则就要落伍，甚至被淘汰。

与时俱进更加突出了思想路线的开放性。与时俱进昭示和要求人们要具有世界眼光和战略眼光，在分析问题、解决问题时，既要着眼国内，也要着眼世界；既要着眼现实，也要着眼未来。只有把这些要求有机结合起来，对大局了然于胸，才能确保决策的科学性和预见性。思想路线自身就是一个开放的而不是封闭的体系，它将随着实践的发展而不断发展。

与时俱进更加突出了思想路线的创新性。认识的最终目的和最高价值是发现和掌握真理。与时俱进的真谛是昭示和要求人们不断发现和掌握新的真理，从而避免真理可能因跟不上事物的发展变化而变为谬误，避免认识可能因跟不上事物的发展变化而产生偏差，使我们始终在科学理论的指引下，进行卓有成效的社会实践，全面建设小康社会，不断开创中国特色社会主义事业新局面。

三、案例

做一只勤奋的蜗牛

在很多人眼里，蜗牛一直是"反面教材"：它总是背着一个沉重的"包袱"缓慢爬行，效率低下，但在我眼里，蜗牛是个榜样，其精神是值得学习的。

古埃及的寓言中说：世界上只有两种动物能够登上金字塔，一种是雄鹰，一种是蜗牛。雄鹰能够登上金字塔的塔顶，靠的是飞翔，因为它有强健有力的翅膀；而蜗牛同样能登上金字塔的塔顶，它靠的是什么？是勤奋！它朝着心中的目标，坚持不懈、持之以恒，一步一步往上爬……如果把雄鹰比作天才，那么蜗牛就是蠢才？不，我认为蜗牛应该是"勤才"。

大凡有成就者，都具有跟蜗牛一样的勤奋精神：小时候，爱因斯坦是出了名的"弱智儿"。他 3 岁还不会说话，6 岁被老师叫到名字，竟呆若木鸡，老师、同学都不喜欢他，讥笑他是"差劲的笨蛋"。有一次上手工课，他想做一只小板凳，但直到下课他都没做好，还急得满头大汗。第二天早上，他才交给老师一只很难看的小板凳，老师很生气地说："世界上不会再有比这更坏的凳子了。"谁知，这时，爱因斯坦拿出里两只更粗糙的小板凳，说："有，还有比这更差的。"原来，爱因斯坦交上去的小板凳是第三次制作的，第一次、第二次制作的更难看……爱因斯坦就是一只勤奋的"蜗牛"，他靠着这种执著的精神和坚强的毅力，最终登上了科学的"金字塔"。

同学们，在现实生活中，或许别人一道题听一遍就会了，而你要听二遍才会；也许别人背 10 个英语单词只需 5 分钟，而你却要花费 10 分钟；也或许正因为你的慢半拍，而受到别人的嘲笑。同学们，如果就此你认为自己不如别人，就放弃了努力，放弃了对人生理想的追求，那多可惜呀！我想对这些同学说：也许你暂时还没有得到同学的认可、家长的夸奖以及老师的赞许，但请你不要气馁，只要坚持做一个勤奋的人，虽然不一定能成为像爱因斯坦那样的科学巨人，但一定可以成为生活中的强者与成功者。